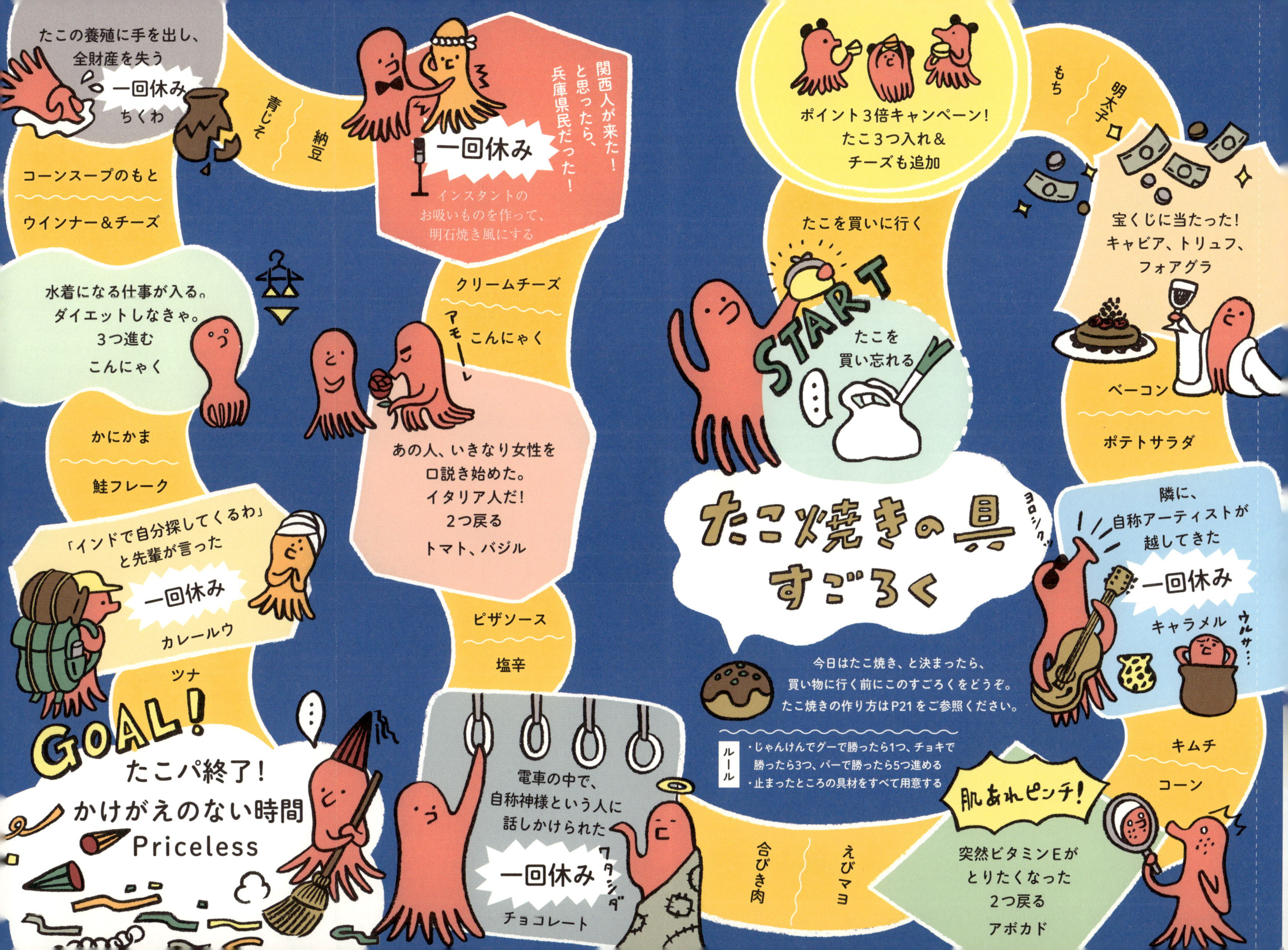

たこ焼きの具
すごろく
ヨロシクッ
今日はたこ焼き、と決まったら、
買い物に行く前にこのすごろくをどうぞ。
たこ焼きの作り方はP21をご参照ください。
ルール
・じゃんけんでグーで勝ったら1つ、チョキで勝ったら3つ、パーで勝ったら5つ進める
・止まったところの具材をすべて用意する
START
たこを買い忘れる
たこを買いに行く
ポイント3倍キャンペーン！
たこ3つ入れ＆
チーズも追加
もち
明太子
宝くじに当たった！
キャビア、トリュフ、
フォアグラ
ベーコン
ポテトサラダ
隣に、
自称アーティストが
越してきた
一回休み
キャラメル
ウルサ…
キムチ
コーン
肌あれピンチ！
突然ビタミンEが
とりたくなった
2つ戻る
アボカド
えびマヨ
合びき肉
電車の中で、
自称神様という人に
話しかけられた
一回休み
ワタシダ
チョコレート
塩辛
ピザソース
あの人、いきなり女性を
口説き始めた。
イタリア人だ！
2つ戻る
トマト、バジル
アモーレ
こんにゃく
クリームチーズ
関西人が来た！
と思ったら、
兵庫県民だった！
一回休み
インスタントの
お吸いものを作って、
明石焼き風にする
納豆
青じそ
たこの養殖に手を出し、
全財産を失う
一回休み
ちくわ
コーンスープのもと
ウインナー＆チーズ
水着になる仕事が入る。
ダイエットしなきゃ。
3つ進む
こんにゃく
かにかま
鮭フレーク
「インドで自分探してくるわ」
と先輩が言った
一回休み
カレールウ
ツナ
GOAL！
たこパ終了！
かけがえのない時間
Priceless

今日もいろいろあったけど
終わりよければすべてよし。

Curry
ハアー
ただいまー
ドサッ

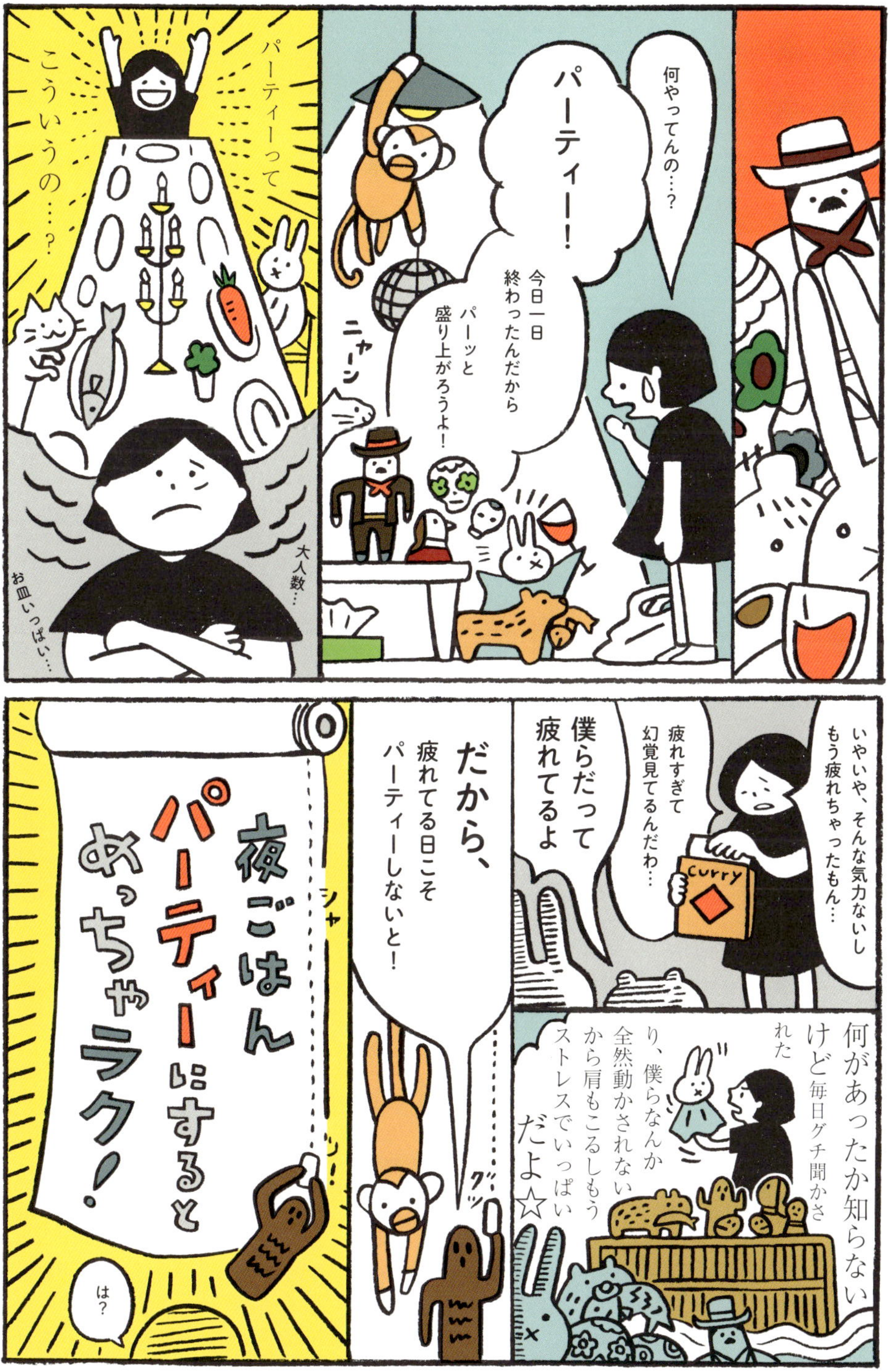
何やってんの…？
パーティーー！
今日一日終わったんだから
パーッと盛り上がろうよ！
ニャーン
パーティーって
こういうの…？
大人数…
お皿いっぱい…
いやいや、そんな気力ないし
もう疲れちゃったもん…
Curry
疲れすぎて
幻覚見てるんだわ…
僕らだって
疲れてるよ
何があったか知らないけど毎日グチ聞かされたり、僕らなんか全然動かされないから肩もこるしもうストレスでいっぱいだよ☆
だから、
疲れてる日こそ
パーティーしないと！
グッ
シャッ！
夜ごはんパーティーにするとめっちゃラク！
は？

検証 献立

パーティーは、献立よりもラクだった

今「パーティーって、本当にラクなの？」って思ってるでしょ？
だから「献立」と「パーティー」を
①準備 ②調理時間 ③洗い物の
3つの視点で比較して、
ラクの根拠を検証してみたよ。
2人分の場合だよ。
どうかな？ まだ疑っちゃう？

洗い物→17個

- 茶碗…2
- 汁椀…2
- 皿…2
- 小鉢…2
- 箸…2

調理器具
- 包丁
- まな板
- 小鍋
- 炊飯器
- フライパン
- ボウル
- しゃもじ

1人ずつの器、つまり銘々皿だとそれだけで洗い物が10個。器だけでなく、調理器具の洗い物も多くなります。

準備→4品分

❶メイン…しょうが焼きを作る
❷副菜…ポテトサラダを作る
❸汁物…味噌汁を作る
❹主食…ごはんを炊く

「今日のメイン、何にしよう」「副菜の味付けどうしよう」「昨日とかぶらないようにしなきゃ」など、考えること盛りだくさん。

調理時間→60分

献立は、焼く、煮る、和えるなど4つの別の工程を時間差でこなすことになり、時間がかかります。時間をかけて、丁寧に作りたい日にはいいと思います。

パーティー

洗い物→9個

- ・皿…2
- ・箸…2
- ・包丁
- ・まな板
- ・たこ焼き器
- ・ボウル
- ・バット

調理器具

たこ焼きは極端かもしれませんが、献立だと必ずある銘々皿が減ると、洗い物もかなり減ります。P74～の「手で食べるパーティー」なら、カトラリーの洗い物もなくてさらにラク。

準備→1品分

❶メイン・副菜・主食
…たこ焼きを作る

メインと副菜、主食までがいっしょになっているパーティーごはんなら、決めることは1つ、何を作るかだけ。栄養の偏りが気になる方はP46をご覧ください。

調理時間→15分

たった1つの料理を作ればいいので、工程は1本道です。また、作りながら食べる料理なら、食卓で焼き始めるときも「ごはんの時間」なので、準備に労力をかけた感が減らせます。料理が苦手な方にこそおすすめ。

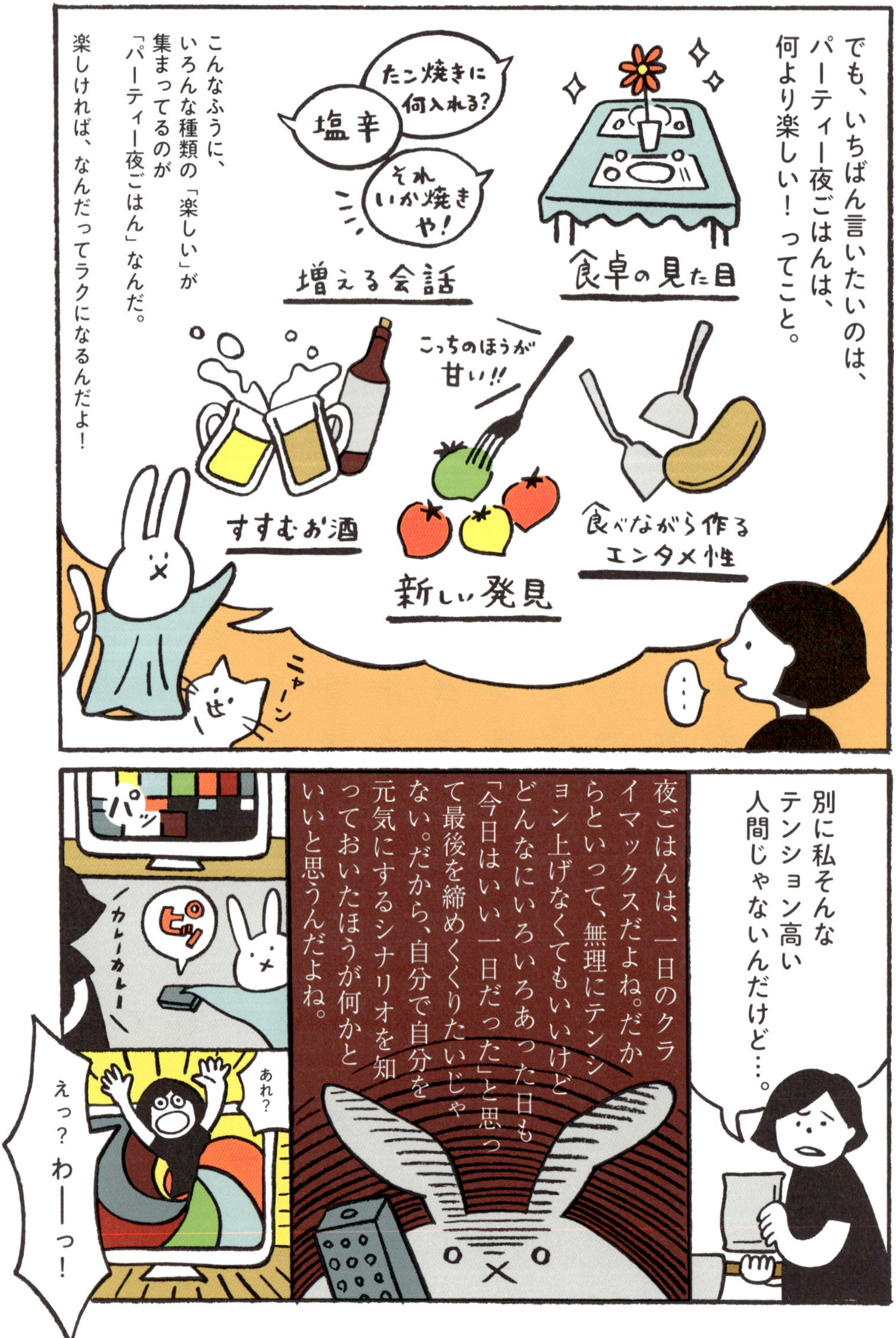
でも、いちばん言いたいのは、パーティー夜ごはんは、何より楽しい！ってこと。
食卓の見た目
たこ焼きに何入れる？
塩辛
それいか焼きや！
増える会話
こっちのほうが甘い!!
食べながら作るエンタメ性
新しい発見
すすむお酒
こんなふうに、いろんな種類の「楽しい」が集まってるのが「パーティー夜ごはん」なんだ。
楽しければ、なんだってラクになるんだよ！
…
ニャーン
別に私そんなテンション高い人間じゃないんだけど…。
夜ごはんは、一日のクライマックスだよね。だからといって、無理にテンション上げなくてもいいけどどんなにいろいろあった日も「今日はいい一日だった」と思って最後を締めくくりたいじゃない。だから、自分で自分を元気にするシナリオを知っておいたほうが何かといいと思うんだよね。
パッ
ピッ
カレーカレー
あれ？
えっ？わーーっ！

とにかく盛り上がる夜ごはん

軽く、今日の打ち上げやろうぜ

文響社

1週間、ホットプレート出しっぱなし

作りながら食べるパーティー

contents

食べ比べパーティー

contents

contents

contents

contents

手で食べるパーティー

インパクトパーティー

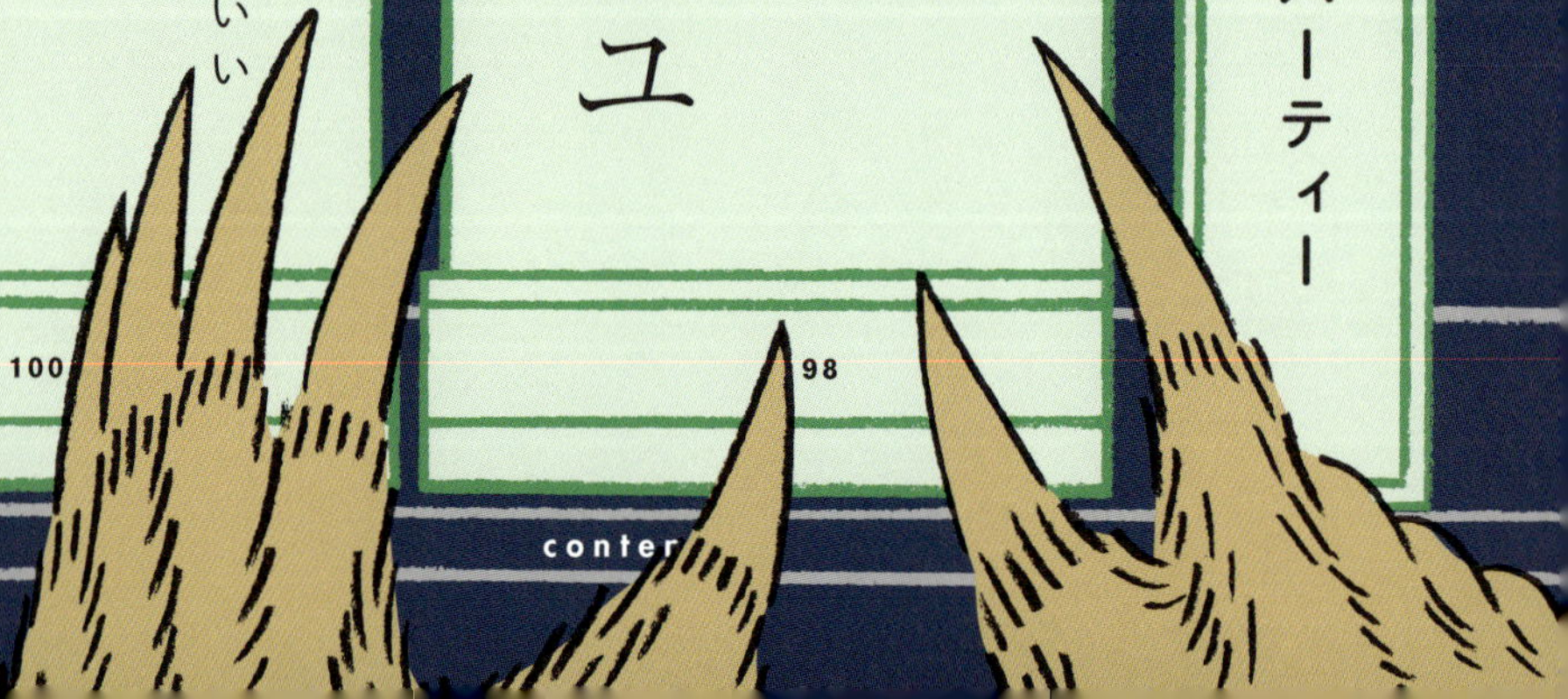

conter

contents

contents

contents

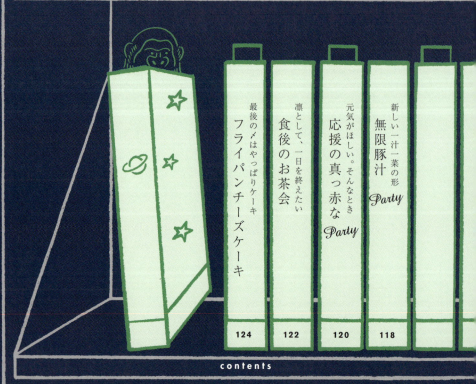

contents

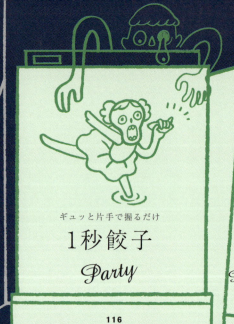

この本を読む前に

パーティーって、いつすればいいの？

ちょっとうれしいことがあった日。何もなくてつまらなかった日。いやなことがあった日。自分を、家族を、誰かを喜ばせたい気分になったら、それだけでパーティー日和です。本書は、平日でも作れる料理が中心ですが、休日や記念日にも活用できるメニューを集めました。

大人数じゃないとパーティーじゃない？

そんなことはありません。たしかに「パーティー」という言葉には「人の集まり」といった意味もありますが、この本の「パーティー」は、人ではなく「今日の自分」をもてなすのが目的。だからソーセージ食べ比べのように、一人からでも楽しめるパーティーもご紹介しています。

パーティーだけど、特別な材料は必要？

いつもの食材でＯＫです。何ならトマトだけ、ビールだけでもパーティーできちゃう。次のページに、本書で使う主な食材をスーパーの配置別さくいんにして入れています。次回スーパーに行ったときのために、写真を撮っておきましょう。

この本、ほかにどう使える？

どじょうすくいにも使えます。盛り上がる夜ごはんに、踊りは欠かせません。この本を両手に持ち、すくい上げるような動きで舞ってみてください。一人ならなおさら楽しい気分になれるでしょう。

［本書のレシピについて］

・**レシピは基本的に２人分です。１人分にしたいときは半分に、３人以上なら人数分増やしてください。**
・本書に表示した大さじ１は15ml、小さじ１は5ml、１カップは200mlです。
・きのこは石づきを、なすやトマトなどはヘタを除いて調理してください。
・作り方の中に「ふたをする」という表記がない場合は、ふたをせずに調理してください。
・「ペーパー」という表記は、ペーパータオルのことです。
・レシピ中に「フライパン（20cm）」と書いてある場合、使用しているのは直径20cmのフライパンです。フライパンは20cmと26cm、鍋は20cmと16cmのものを使うことが多いです。
・作りながら迷わないよう、材料は太字にしています。
・調理時間は目安です。
・電子レンジの加熱時間は600Wを基準にしています。500Wの場合は加熱時間を約1.2倍にしてください。機種やメーカーによって差がありますので、様子を見ながら調節してください。
・P70〜73の日は年によって変わります。

パーティーは、「買い物」から始まっている

世界でいちばん楽しい場所といえば
それは当然、スーパーマーケット！
ずらりと並んだ食材を見ていると
もうパーティーみたいな気分です。
本書の主な食材を、ざっくり
スーパーの配置別にさくいんにしたので、
お買い物にぜひ活用してください。

魚介

根菜類

薬味

きのこ

野菜・果物

MEAT

SUPER

パーティーの裏で働くスタッフたち

パーティーといえば、おいしい料理が主役。
でも、それを支える
スタッフこそ、
超重要なんです。
裏方で働く大道具、
小道具たち。
パーティーをラクにし、そして盛り上げてくれる
尊いみなさんをご紹介します。

小さめホットプレート

ホットプレートというと、大きくて出し入れがめんどくさいイメージ。でも今はA4サイズの小さいものがたくさんあるんです。1万円くらいで買えて、出しっぱなしでもおしゃれ。なのでP20〜、「1週間出しっぱなし」システムをご提案しています。絶対買って損はなし！

たこ焼き器

たこ焼きパーティーに欠かせないアイテム。ホットプレートとセットになっているものを買えば、収納スペースも節約できます。たこ焼き器だけでも1,000円くらいで購入できますよ。アヒージョにも活用可。たこも「買って」と熱望してます。

フライパン＋カセットコンロ

ホットプレートがない、買いたくない、という方はこちらがおすすめ。フライパンを鉄板代わりにして焼き肉すると、サバイバルな感じで楽しいです。カセットコンロは、電気が使えない災害時にも使えて便利。

テーブルに出せるまな板

まな板なのに、切ったあとそのまま食卓に出せる。これだけで洗い物が減らせます。しかもお皿がたくさん並ぶ中に木の板があると、ふしぎと気がきいたアイテムに見えるんですよね。

紙皿・紙コップ

洗い物が出ない紙皿や紙コップは、何もバーベキューのためだけのものではありません。ピザをとった日や、家でスポーツ観戦する日など、家の中で使うと「庭でキャンプ」みたいで楽しい気分に。罪悪感があるなら「今日は家の中でピクニックごっこ！」と言いきりましょう。

土鍋

「鍋パーティー」に欠かせないのが土鍋。湯気をもうもうとあげた大きな鍋が、食卓の真ん中にどーんと置かれている。もうそれだけで、テンションが上がりますよね。土鍋がなければ、平ための大きな鍋でもOK。いろりをかこんで食べた昔のごはんみたいな、あったか気分になれます。

Cooking and Partying
作りながら
食べる
パーティー
家族みんなで
手を動かせば
負担が減るのよ
お腹がすいた日は、
作りながら食べるのがいちばん早いね

「料理を作る」って
エンターテインメント！
えっ、1週間
ホットプレート
出しっぱなし？
ズボラだね～！

1週間、ホットプレート出しっぱなし

1日目

ふわふわVS.カリカリ

天使と悪魔のたこ焼きParty

私は天使。いつも、ふわっふわのたこ焼きをいただいているの。天国以外だと、関西で食べられることが多いみたいね。悪魔のたこ焼きなんて、邪道よ、邪道。

　おいらは悪魔。食べた瞬間「カリッ」とした歯ざわりがたまらないのさ。一度おいらの作るたこ焼きを食べたら、もう戻れないぜ。さっさとこっちを作りな。

人間「両方作れば、パーティーになるんじゃない？」

天使、悪魔「！」

材料（2〜3人分） 15分

ふわふわ

A
- 小麦粉…120g
- 片栗粉…20g
- だしの素（市販）…小さじ2

B
- 卵…2個
- 水…2・1/2カップ

カリカリ

A
- 小麦粉…120g
- 片栗粉…50g
- だしの素（市販）…小さじ1

B
- 炭酸水…2カップ
- 溶き卵…1/2個分

〈共通の材料〉
- ゆでだこ…100g（ぶつ切り）
- 紅生姜（粗く刻む）、天かす、万能ねぎ（小口切り）、サラダ油…各適量

作り方

①生地を作る。AとBは、それぞれ別のボウルでよく混ぜる。BにAを加えてさらに混ぜる。

②たこ焼き器を220℃で熱し**油**を塗る。8分目まで生地を流し、**共通の材料**を順に入れる。

③上から生地をかける。まわりが焼けたら、竹ぐしでひっくり返し、転がしながら焼く。

④カリカリは、追加で油を回しかけ、揚げ焼きにする。

付録の「たこ焼きの具すごろく」を使って盛り上がってね！

ズボラーさんの平謝り

たこ焼きってイベントだから、ついつい具もいっぱい用意して手間かけちゃう。

でも、楽しいから苦じゃないの。あ、もしかしてパーティーって、私にズボラさせないためのテーマ？

このページも、1週間ホットプレート出しっぱなしとか言ってるし……。

2日目

惣菜のっけただけなのに
石焼き風ビビンバ

疲れた日、お惣菜コーナーの前で「これ買ったら手抜きかな」と迷っているあなた。

そもそも私たちは、牛をさばいているわけでも、種から野菜を育てているわけでもありません。だから惣菜だって「食材」の一つ。

もう「手抜き」なんて言葉はやめましょう。どんな食材でも、必ず誰かの「手」がかかっている。それを感じるビビンバです。

材料（2〜3人分）

10分

- ごはん…400g
- 牛薄切り肉（肩ロース）…150g

A
しょうゆ…大さじ1
砂糖、ごま油、にんにく（チューブ）…各小さじ1

- ごま油…大さじ1
- ほうれん草ナムル（市販）、もやしナムル（市販）…各80g
- キムチ…150g
- 卵…1個

作り方

①**牛肉**とAのたれを合わせる。
②ホットプレートを220℃に熱し、**肉**を広げて2分焼き、1〜2分炒めて取り出す。
③プレートに**油**を塗り、**ごはん**を広げ、**肉**、**ナムル**、**キムチ**を彩りよくのせ、そのまま焼く。
④ごはんがカリッとしたら、**卵**をのせて混ぜていただく。

和風
豚のしょうが焼き定食

定食ってお皿たくさん用意するのめんどくさいだろ？　だからキムチと卵を足してビビンバにしたんだ。ポテサラのまったり感がキムチとよく合うよ。

豚のしょうが焼き
ポテトサラダ　キャベツ

↓

キムチ ＋ 卵 ＋ ごま油

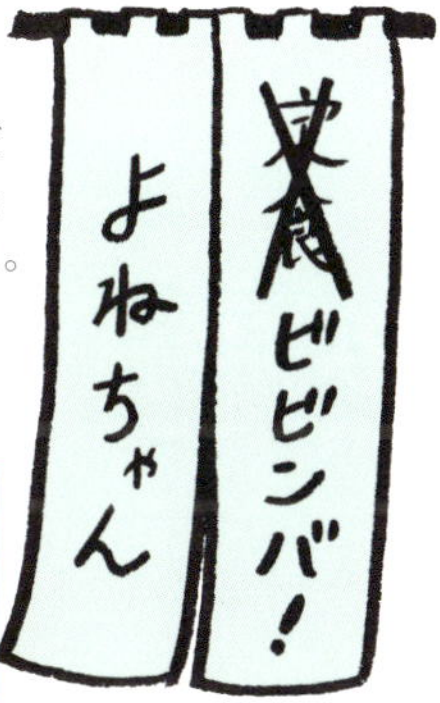

うち、定食屋なんだけど、小鉢とかに盛るのがめんどくさいからビビンバ屋にしちゃうよ。キムチと卵とごま油があれば、どんな惣菜でもビビンバになるんだよ。

洋風
ハンバーグ定食

ハンバーグ　コールスロー

中華風
えびチリ定食

えびチリ　春雨サラダ

故郷を思い出す
サラリーマン風
肉豆腐定食

きんぴらごぼう　ほうれん草の白和え

肉豆腐

ズボラーさんの平謝り

私の場合、ごはんを炊くのも肉を焼くのもめんどくさいから、もっぱらパックごはんと焼き鳥缶です。あとうちはホットプレートがないから、フライパンで作ってます。よく焦がしちゃうけど、きっと「お焦げ」ってズボラから生まれた発明だと思う。

1週間、ホットプレート出しっぱなし

3日目

〆までエレガントにおいしい

具材2つの大人の焼き肉Party

「エレガンスを極めればシンプルになる」って聞いたことある？ これ、焼き肉にも言えることよ。焼き肉って「とにかくなんでも焼けばいい」と思いがちな料理でしょう。でも、具材は2つにしてテーマを明確に。そしてテーマに合った炭水化物で〆を作る。ほら、こんなシンプルな焼き肉なら毎日だって食べたくなるのよ。

カカ・シャネル

ホットプレートは220℃に設定し、油を塗ってから焼き始めること。

鶏肉と玉ねぎ

ぷりぷりと弾力のある鶏肉は、食べごたえ抜群。皮目から焼くと、出てきた脂を玉ねぎが吸って、甘みが出ます。

〆チキンライス

残った具材にごはん（200g）とたれ（大さじ4）と粉チーズを適量混ぜてチキンライスに。思わず卵も焼いて、オムライスにしたくなる！

豚肉となす

しょうが焼き用の豚肉は、厚みがあって焼き肉に最適。脂を吸ったなすがやみつきに。途中、しゃもじなどでギュッと押さえながら焼くと早く水分が抜けます。

〆焼きそば

残った具材に蒸し中華麺を1玉加えて炒め、たれ（大さじ3）、あれば万能ねぎ（小口切り）を加えます。さっぱりしつつコク深い！

ひき肉ときのこ

ひき肉とAをスプーンで1分混ぜて一口大に落として焼いていきます。脂を吸ったきのこがまた美味。大根おろしがさっぱりで、箸が止まらないおいしさ。

〆焼きうどん

残った具材に、冷凍うどん1玉をレンジで加熱してから加えて、たれ（大さじ2）で味付けし、あれば貝割れをのせましょう。

キキ・シャネル

材料（2〜3人分）

- 鶏もも肉…2枚（余分な脂を除き1枚を8等分に切る）
- 玉ねぎ…2個（1cmの輪切り）

たれ

- ケチャップ…3/4カップ
- しょうゆ…大さじ1
- しょうが（チューブ）…小さじ2
- ラー油…小さじ1

15分

クク・シャネル

材料（2〜3人分）

- 豚しょうが焼き用肉…300g（長さを2等分に切る）
- なす…3〜4本（長さを半分、縦4つ割りに）

たれ

- しょうゆ、オイスターソース…各大さじ6
- 酢…大さじ2
- にんにく（チューブ）…小さじ4
- ごま油…小さじ2

10分

ケケ・シャネル

材料（2〜3人分）

- きのこ…合計300g（しめじ・えのきなどを食べやすい大きさにさく）

A
豚ひき肉…250g
小麦粉…大さじ1
しょうが（チューブ）…小さじ1

たれ

- 大根…120g（おろして軽く水気を切った状態で）
- めんつゆ（2倍希釈）…大さじ4
- ごま油…小さじ1
- 七味唐辛子…少々

15分

ズボラーさんの平謝り

私は最初っから〆を作ってしまいます。そう、一気に作りたいんです。
ちょっとずつ焼きながらってのもいいんですけど……。
あ、情緒がないってよく言われます。すみません。

形がないから、自由になれる
なんでもあり もんじゃ Party

もんじゃ焼きって、盛り上がりそうだけど家で作ったことはない、という方、多いんじゃないでしょうか。え？　作り方も食べ方も、よくわからない？　大丈夫。生粋の下町っ子に聞いた話によるともんじゃというのは、作り方も具材もほんとになんでもありだそう。一応作り方は書いておきますが、参考にするかどうかも、なんでもあり。

明太もちもんじゃ

左の材料に、切りもち1切れ（1cm角に切る）、明太子1/2腹（ちぎる）、ミックスチーズ40ｇを加えて混ぜます。おもちがのびてドロドロになるのが醍醐味。

トマトチーズもんじゃ

左の材料に、トマト1個（1cm角に切る）、ミックスチーズ50gを加えて混ぜます。どことなくイタリアンで、ワインにも合う！ トマトとウスターソースのタッグは最強です。

おいしいもんじゃ焼きの作り方

材料（2～3人分）

15分

A
- 水…250mℓ
- 小麦粉…大さじ3
- だしの素…小さじ1/2
- ウスターソース…大さじ1・1/2

B
- キャベツ…1/8個（150g）
- 天かす…20g
- 削り節…5g

- サラダ油…適量

作り方

①**キャベツ**は3㎜幅のせん切りにし、粗く刻む。

②ボウルに**A**を入れてよく混ぜ、**B**を加える。

③ホットプレートを180～200℃に熱し、**油**を塗る。

④②の具だけを取り出してホットプレートの周囲に広げ、土手を作り少し焼く。

⑤土手が安定したら、残りの生地を中央に流し、ぐつぐつするまで待つ。

⑥**もち**、**明太子**、**チーズ**などの具材を加える。

⑦土手を中央に崩し、ヘラで細かく刻むようにする。

木ベラだと傷つきにくい！

⑧全体に混ざってきたら、ヘラで薄くのばし、お好みの加減に焼く。

完成！

ほかにもこんな具材で
- コーンクリーム&ハム
- 昨日のカレー&クリームチーズ
- イカ&キムチ
- 市販のグラタン

ズボラーさんの平謝り

小田先生が「料理研究家を長年やってきて、初めてもんじゃのレシピ考えました」と言ってました。ですよね……。でも、家でもんじゃ食べたかったんですもん。ちなみにホットプレートが傷つかないよう、食べるときは木のスプーンがおすすめです。

5日目

包丁・まな板、使いません

憂《う》さ晴らし焼き肉Party

バタン。夕立の中、オレたちはほぼ同時に地面に倒れた。

　これは、友情ゆえのケンカ。そう、よくある青春の1シーンだ。仰向けのまま、あいつが言った。

「おい、焼き肉、食おうぜ」

　ビリッ！　バリッ！

　さっきまでの衝動を、野菜たちにぶつける。

　ザクッ！　ピーッ！

　あいつのキャベツのちぎり方が雑でだんだん笑えてきた。

「笑うなよ」あいつが怒った。

　また殴り合いか？　いや。まだ食材はある。

　おい、焼き肉、食おうぜ。

材料（2人分） 15分

- ささみ…4本
- 牛薄切り肉（肩ロース）…12枚（200g）
- ピーマン…1袋
- オクラ…1袋
- エリンギ、しめじ…各100g

〈さっぱりだれ〉
ポン酢（大さじ4）、しょうが（チューブ・大さじ1）を混ぜる。

〈こってりだれ〉
オイスターソース（大さじ4）、黒酢または酢（大さじ1）を混ぜる。

作り方

①**牛肉**は、2枚1組で少しずらして重ね、端から巻いて粗びきこしょうを適量まぶす。**ささみ**は白すりごまを適量まぶす。

②ホットプレートを220℃に熱し、**油**（適量）を塗り、中央に**肉**、まわりに**野菜**を並べて、表裏5〜6分ずつ焼く。

ぶつけろ！ 破壊衝動

キャベツをちぎる
嫌悪感がザクッと消える

ピーマンを割る
バリッと勇気がわいてくる

エリンギをさく
いら立ちがスーッと収まる

ちくわをちぎる
楽しさがプリッとはじける

肉は巻いて、こしょうをまぶす
クルクルッと動揺が収まる

スナップエンドウの筋を取る
不安がピーッとむけていく

オクラは何もしない

ソーセージは何もしない

ささみは白すりごまをまぶす

ズボラーさんの平謝り

包丁もまな板も使わない食材で、私がいつも焼いてるのがハム。ハムとスライスチーズを重ねて焼く。ただそれだけでごはんのおかずに最高です。そこに卵を落として……って、結局朝ごはんがいちばん好きなのかもしれません。

おいしい焼き方

ペラペラキャベツ。焦げすぎ玉ねぎ。
焼き肉のときの野菜って、脇役じゃないですか？
でもこのやり方で焼いたら
「もう今日の焼き肉、野菜だけでいい！」
という、うれしい緊急事態が起こります。
さあ、いつもの野菜の隠れた魅力、
もっと掘り下げてみましょう。

すりおろし長芋

輪切りのときと全然違う！　ねちっとして、やみつきになる味。皮ごとすりおろせばいいのもラク。マヨを混ぜても美味です。

長芋（200g）を皮ごとすりおろし、塩（小さじ1/4）を混ぜる。スプーンで大さじ2すくって、両面1分半ずつ、焦げないように返しながら焼く。

かためのアボカド

アボカドを割って「やばい、かたい、失敗した」と思ったら、焼きチャンス。皮つきのまま焼くと、焼き目がある部分とない部分の味のコントラストも楽しい。

皮つきのまま8等分くらいのくし形切りにする。4分返しながら焼く。皮をむいていただく。

塩絡め大根

塩を絡めて、少しだけ水分を抜いた大根は、生とは違ったホクシャキッとした食感。大根の新しい一面が垣間見えます。

皮つきのまま、1cm厚さの半月に切る。塩（2つまみ）を振り絡めて5分おく。軽く水気を拭き、5分返しながら焼く。

もっと、憂さ晴らし！

いつもの野菜の

まるごと長ねぎ

長ねぎの甘みが充分に味わえるのは、まるごと焼き。一口食べると「赦《ゆる》し」という言葉が浮かぶ。中が蒸し焼きになってじゅくじゅくっとなるころが美味。

長ねぎは長さを半分に切る。しっかり焦げつくまで両面5分ずつ焼く。1枚皮をはいでいただく。

キャベツは3cmくらいの厚さのくし切りにする。中火で7~8分返しながら焼く。

くし形切りキャベツ

1枚ずつはがして焼くより、くし形切りが断然おいしい。中央が蒸されて、甘くて香ばしくなります。屋台の香りにうっとり。

皮ごと枝豆

塩ゆで一辺倒になりがちな枝豆も、生から焼けば違った魅力が。熱々をむくのも盛り上がって楽しい。

サッと水洗いをし、5~6分焼く。冷凍の場合はもっと早くできる。

生カリフラワー・ブロッコリー

ゆでなくていい。生から焼くと、蕾がほくほく、茎がコリリッとします。カリフラワーの奥にある大根みたいな辛味に気づけました。

小房に分ける。火の通りをよくするために塩（少々）をふり、8分転がしながら焼く。

1週間、ホットプレート出しっぱなし

6日目

ただ焼くだけで特別なおいしさ

焼きチーズParty

目覚めたら、薄暗い博物館にいた。あたりにただよう香ばしい匂い、弾ける音。あれは……ホットプレートいっぱいにチーズが焼かれている！

熱々、とろとろ、もっちり。こんなごちそう初めてだ。

え？　「チーズは人類最古の食品」？　そうか、チーズはただの食品ではない。歴史を重ねた「作品」だったんだ！

最後、館長と記念撮影をした。「はい、チーズ！」

チーズといっしょに焼く野菜

アスパラガス

ズッキーニ

ミニトマト

かけていっしょに食べるもの

バゲット

ベビーリーフ

よりおいしくする必殺アイテム

はちみつ

ドライフルーツ

あらびきコショー
PEPPER
粗びきこしょう

MAILLE
粒入りマスタード
粒マスタード

ほう…
これが
有名な…

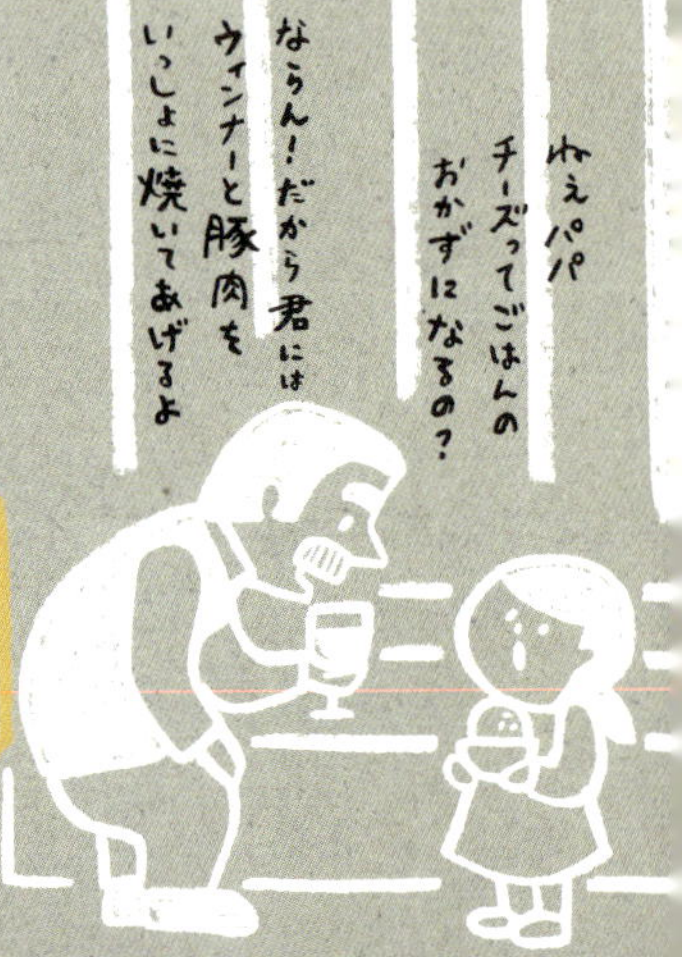
ねえパパ
チーズってごはんの
おかずになるの？
ならん！だから君には
ウィンナーと豚肉を
いっしょに焼いてあげるよ

モッツァレラチーズ

じっくり溶かしたあと、野菜にかける。ミルクのような甘やかさと弾力にうっとり。すぐ固まるので、焼いたら1秒以内に口に入れることを推奨。

カチョカバロ

輪切りにして香ばしく焼き上げる美。噛めば噛むほどうまみがジュワッと口に広がる。焦げ目がつくまでじっと待ち、早急に口に入れたい作品。

カマンベール

確かなチーズ。若々しさと熟成感が同時に押し寄せてくる。そのままでも美味だが、焼くとさらに主体性を帯びてくる。

パルメザンチーズ

粉チーズを焼いてみたことがあるだろうか？　いやない。意外にもカリカリのクリスピー状態になり、酒の肴に絶妙な存在感を発揮する。

ブルーチーズフォンデュ

ブルーチーズのクセ強め。苦手な方は、クリームチーズと牛乳を多めに。
チーズを1cm角にちぎり、器に入れてホットプレートの上へ。

ブルーチーズ…50g
クリームチーズ…20g
牛乳…大さじ3

こってりチーズフォンデュ

クセが強いので、アスパラガスなどタンパクな野菜と合わせると調和する。
チーズを5mm角に切り、器に入れてホットプレートの上へ。

エメンタールチーズ…30g
グルイエルチーズ…50g
牛乳…大さじ1/2～1

冷蔵庫の残り物がこんな立派に

一口チヂミ・コレクション

いよいよホットプレート生活も最終日です。どうでしたか？　盛り上がりましたか？

祭のあとというのは、散らかっているもの。そんな週末の冷蔵庫は、中途半端に余った野菜や肉のたまり場です。

そんな泣いている残り物に、衣装を着せてあげましょう。まだパーティーは続くのです。長芋で作ったチヂミの衣は、焼くともちもち、カリカリに。一口サイズで食べやすく「次はどれ焼く？」と楽しみに。

さあ、輝け！　残り物たち。ホットプレートのステージで。

材料（2〜3人分）

20分

〈衣〉

A
- 長芋…100g（皮をむいてすりおろす）
- 卵…1個
- 小麦粉…大さじ5
- ごま油…小さじ1
- 塩…小さじ1/4
- 水…1/2カップ

〈具材〉
- 豚こま切れ肉…100g
- 白菜キムチ…100g（粗く刻む）
- ニラ…1/2把（5cm長さに切る）
- ズッキーニ…1/2本（8mmの輪切り）
- にんじん…1/2本（5mmの輪切り）
- フランクフルト…2本（1cmの輪切り）

〈たれ〉
- 白すりごま、酢、しょうゆ…各大さじ2
- ラー油…20振り

作り方

①ボウルに**A**を順に入れ、混ぜて生地を作る。

②ホットプレートに**油**（適量）を塗り、180〜220℃に熱する。

③**A**にお好みの**具**を絡め、ホットプレートにのせる。

④表裏3分ずつ焼き、焼き色がついたら**たれ**をつけていただく。

朝ごはんも

ホットプレート出しっぱなしだから

「ずーっとホットプレートを出しっぱなしにしていたら、朝ごはんはどうするの？」

大丈夫。朝もホットプレートで作ればいいんです。ちょっとした遊びを添えて。

トースト＆目玉焼き＆ベーコン

これが……ヨロコビ？　なんだか、とってもあったかい気分だ。目玉焼きは、アルミホイルで丸い型を作れば、きれいな円形になるんだって。

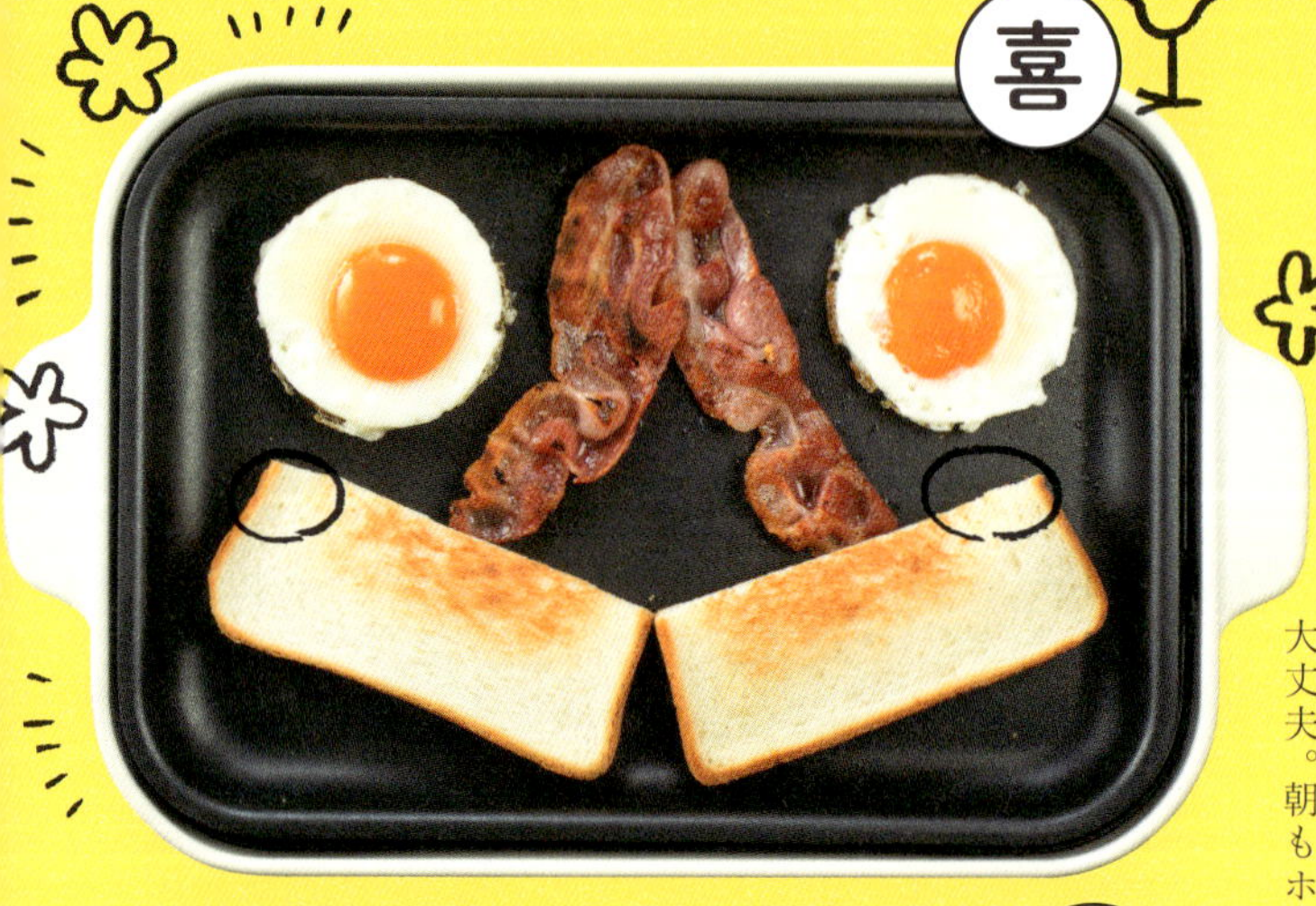

バゲット＆ソーセージ＆トマト

これが……イカリ？　わーっと叫びたい。燃えるようなのに、どこか冷たい。僕、壊れるの？昨日あなたの言うことききかなかったから……？

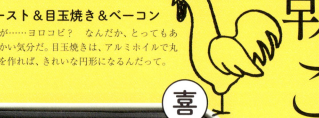

ホットプレートで

マフィン＆スクランブルエッグ＆アスパラガス

これが……カナシミ？　何もする気が起こらない。あれ、目から水が……。世界が灰色に見える。でも、スクランブルエッグ、優しい味。

厚揚げ＆鮭＆焼きおにぎり

これが……タノシミ？　ふしぎ！　踊り出したい気分だ。厚揚げにおしょうゆひとたらし。こんがりいい香りで、今日はいい一日になりそう！

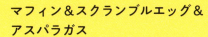

やっぱり「作りながら食べる」といえば…鍋

飽きない鍋の方程式

これが、鍋の基本方程式だ

①**素材** ＋ ②**味** ＋ **コク** ＋ ③**刺激** ＝ おいしい！

野菜
白菜
キャベツ
レタス
ねぎ
小松菜

たんぱく質
豚肉
鶏肉
牛肉
塩鱈
鮭

塩
しょうゆ
砂糖
味噌
みりん

オイスターソース
マヨネーズ
ごま油
バター
昆布

これが スープ

香り
ごま
カレー粉
にんにく
しょうが
万能ねぎ＆パセリ

辛味
赤唐辛子
柚子こしょう
ラー油
山椒
粗びきこしょう

酸味
レモン
梅干し
酢
黒酢
粒マスタード

素材
- 鶏もも肉…大1枚（300g）
- キャベツ…1/4個（300g）
- しいたけ…6枚
- 万能ねぎ…1把（100g）

味
- 水…5カップ
- みりん…大さじ2
- 塩…小さじ2

コク
- 昆布（3cm角）…2枚

刺激：辛味
- 粗びきこしょう…適宜

塩とみりんだけの味付けなのに、だしを飲み干したくなるくらいおいしい

これが基本の鶏鍋だ！

20分

作り方

①**素材**の**鶏肉**は4cm角、**キャベツ**は5cm角、**しいたけ**は縦半分、**万能ねぎ**は5cm長さに切る。
②鍋に、**鶏肉**、**キャベツ**、**しいたけ**、**味**、**コク**を入れる。ふたをして中火にかけ、煮立ったら弱火で5分煮る。**万能ねぎ**を加えてひと煮する。
③**刺激**をふる。

素材 + 味 + コク + 刺激

① 素材を変える

秘技…メインボーカルチェンジの術

味、コク、刺激は同じで、素材だけ変えるパターンだ。ポイントは、なんでもかんでも入れた「寄せ鍋」にしないこと。メインの食材を絞って、「コンセプト」のある構成にするんだ。

鶏だんごレタス鍋

レタスがシャキッ。鶏だんごホロホロ。食感が脳内に響き渡る。おいしい。ごぼうでうまみが、ニラで香りが強化されるので、どちらも絶対入れるべし。

素材

A
- 鶏ひき肉…300g
- 卵…1個
- 小麦粉…大さじ3
- しょうが（チューブ）…小さじ1
- 塩…小さじ1/2

- レタス…1個（300g）
- ごぼう…1本（100g）
- ニラ…1把（100g）

作り方

①**レタス**は大きめにちぎり、**ごぼう**はピーラーで笹がきにする。**ニラ**は5cm長さに切る。
②鍋に**ごぼう**、**味**、**コク**を入れ、ふたをして中火にかける。
③**A**の肉だねを、スプーンで1分練り混ぜる。一口大にすくって鍋に加え、弱火で5分煮る。
④レタス、ニラを加えてひと煮する。

塩鱈トマト鍋

塩鱈は、じつはうまみの強い魚。そこにトマトのグルタミン酸が加わると、さらにインパクトのあるだしに変化するのだ。

素材

- 塩鱈…3〜4切れ（300g）
- 白菜…1/8個（400g）
- ミニトマト…1パック（200g）
- えのき…1パック（100g）

作り方

①**塩鱈**は一口大に切る。
②**白菜**は3×5cmに切る。**ミニトマト**はヘタを取る。**えのき**は根元を切ってほぐす。
③鍋に**塩鱈**、**白菜**、**味**、**コク**を入れふたをして中火にかけ、煮立ったら、弱火で5分煮る。
④**えのき**、**ミニトマト**を加えてひと煮する。

ほかにもこんな具

鶏ももとじゃがいもの鍋

- 鶏もも肉…300g
- じゃがいも…300g（1cm厚さの輪切り）
- ニラ…1把（100g）
- エリンギ…2本

手羽先と青梗菜鍋

- 手羽先…300g
- 青梗菜…2株（300g）
- 長ねぎ…1本
- 豆腐…1丁

豚バラ小松菜鍋

- 豚薄切り肉（バラ）…300g
- 小松菜…1束（300g）
- 長ねぎ…1本
- しめじ…100g

② 味＋コクを変える
秘技…ベースメンバーチェンジの術

素材 ＋ 味 ＋ コク ＋ 刺激

素材は同じで、味＋コク、つまりスープだけ変えるパターンだ。口に入るのは同じ具なのに、ベースが違うと別物になる。市販の鍋の素を買わなくても、自分で作れて達成感あるぞ。いずれも水5カップでのばしてスープにするんだ。

味		コク

バターしょうゆスープ

しょうゆのキリッとする深みに、バターの甘やかな香りが加わり食欲をそそる。

- 味：
  - しょうゆ…大さじ5〜6
  - みりん…大さじ2
- コク：
  - 昆布（3cm角）…2枚
  - バター…20g

味噌ごま油スープ

偉大すぎる味噌汁のようなおいしさ。骨抜きになるほどホッとする。ごま油によって「豚汁」をも超える満足感が。

- 味：
  - 味噌…大さじ7〜8
  - みりん…大さじ2
- コク：
  - ごま油…大さじ1

中華スープ

オイスターソースはうまみの宝庫。凝縮されたスープの素といってもいい。いつまでも飲んでいたい味だ。

- 味：
  - 塩…小さじ1
- コク：
  - オイスターソース…大さじ3

ほかにもこんな味

しょうゆマヨだし

味
薄口しょうゆ…大さじ4〜5

コク
マヨネーズ…大さじ2

濃厚バターだし

味
味噌…大さじ6〜7
砂糖…大さじ1

コク
バター…20g

王道けんちんだし

味
味噌…大さじ3〜4
しょうゆ…大さじ2〜3

コク
昆布（3cm角）…1枚
酒…大さじ2

素材 ＋ 味 ＋ コク ＋ **刺激**

③ 刺激を変える

秘技…衣装チェンジの術

今度は、素材も味もコクも同じで、仕上げの「刺激」だけを変える。中身が同じ人間でも、着物とドレスでは印象がだいぶ変わるもの。左の3つの刺激を1つずつ組み合わせて、基本の鍋に足してみてくれ。

	酸味	辛味	香り
1	 レモンの輪切り（すだち・ゆず）	 赤唐辛子	 ごま
2	 梅干し	 柚子こしょう	 カレー粉
3	 酢	 ラー油	 にんにく
4	 黒酢	 山椒	 しょうが
5	 粒マスタード	 粗びきこしょう	 パセリ（みじん切り）or 万能ねぎ（小口切り）

基本の鍋 ＋ 香り ＋ 辛味 ＋ 酸味

- 山椒
- 赤唐辛子…3本（半分にちぎる）
- レモンの輪切り…1/2個分

ピリ辛レモン鍋

食べる前からレモンの香り。そして、口に含むとしびれるような山椒の刺激。キリッとした酸味に、奥から押し寄せる唐辛子の辛味。長く煮るとレモンの皮から苦味が出るので、早めにレモンは引き上げてOKだ。

ほかにもこんな風味

さっぱり梅柚子鍋

香り ＋ 辛味 ＋ 酸味

- ごま
- 柚子こしょう
- 梅干し

カレースパイス酢鍋

香り ＋ 辛味 ＋ 酸味

- カレー粉
- 粗びきこしょう
- 酢

にんにく黒酢鍋

香り ＋ 辛味 ＋ 酸味

- にんにく
- ラー油
- 黒酢

エスニック鍋

香り ＋ 辛味 ＋ 酸味

- にんにく・しょうが
- 赤唐辛子…3本（半分にちぎる）
- レモンの輪切り…1/2個分

④ ポン酢を変える

秘技…小手先チェンジの術

鍋といえばポン酢、という人は多いと思うが、結果、どんな鍋でもポン酢味、ってことになっちまう。
これも、鍋に飽きる一因だ。
口にいちばん初めに入ってくる味だから、小手先だが、新鮮な印象を与えやすいんだ。

分量はポン酢1/4カップあたりのもの。

**ポン酢
＋角切りトマト（50g）**

鍋がサラダになりかねない爽やかさ。鶏肉、塩鱈、キャベツ、なんでも合う。

**ポン酢
＋マヨネーズ（大さじ2）**

ごはんのおかずになる、存在感とコク。トマトやレタス、鮭に合う。

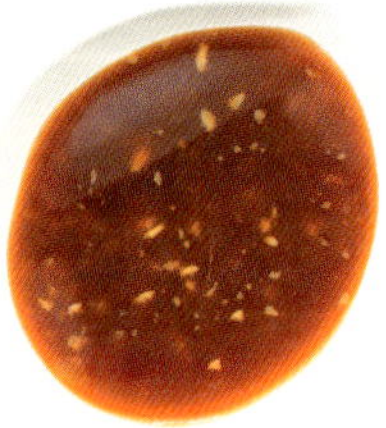

**ポン酢＋にんにく、
しょうが（チューブ・
各小さじ2）**

ガツンと来る香りとインパクト。牛肉のような強い素材をいただくときに。

**ポン酢＋刻みねぎ（30g）
＋ごま油（小さじ2）**

完全に中華の味わい。水餃子や白菜に絡めるとたいへん美味。

ポン酢＋刻み長芋（80g）

長芋のとろとろが、ポン酢の味を絡みやすくしてくれる。油揚げにも合う。

**ポン酢＋納豆（30g）
＋ラー油（10振り）**

納豆はひき割りで。かなり納豆が強いけれど、食べごたえあり。豚肉にマッチ。

⑤ 〆は、つゆの量で決めるべし

鍋の最高潮といえば、〆。いつもと同じを避けたいなら、残ったつゆの量で決めてみると、いつもと違った緊張感で締めくくれるだろう。

つゆがたっぷりあるのなら

薄味たっぷり系〆

汁気といっしょにいただく麺類を投入。おすすめは春雨。デンプンのコクがあって、コシも強く、軽やかにいただける。乾物なので長く置いておける保存性も◎。

ラーメン

そうめん

春雨

春雨は水に戻さなくてもそのまま鍋に入れてOK

つゆの残りが少なくなったら

濃厚とろみ系〆

あまり汁が必要ない、ごはんやうどんを入れよう。カチカチになったバゲットを入れ、チーズを加えてパンスープのようにしてもおいしいぞ。

うどん

バゲット

ごはん

ごはんはざるでサッと洗うとぬめりがとれる

待ってくだせぇ! ありがとうごぜぇました。このご恩は一生忘れません。あの……またお会いできますか?
鍋ってのは、完成しねぇ料理だ。いわば半完成品だな。完璧な鍋なんてない。
だから、これほど一期一会な料理はねぇってことよ。あばよ。

パーティーだけど気になるよ

夜ごはんの栄養学

Q 栄養バランスのいい食事って、いったい何？

A 体の機能を維持できるだけの栄養素をとれる食事です

俺はバク。夢は食べない。ごはんは食べる。つまり、ふつうのバクだ。そんな俺がお前らに栄養のとり方を教えてやるぜ。

まあ、当たり前すぎて言う気にもなれないが、俺ってりんご好きだろ？　だから気づくとりんごばっかり食っちまう。これじゃダメなんだ。

まず体が、毎日作り変えられてるってのは知ってるよな。腸の細胞は数日で、肌は約1か月で入れ替わるって言われてるんだが、栄養をとらないと、この作業がうまくいかないんだ。

だから、そんな体の機能をきちんと維持するために必要なのが「栄養バランスのいい食事」だ。

じゃあ何をどれくらい食べれば「バランスがいい」のか。くわしくは、俺が作った下の表を見てくれ。夜ごはんを食べるときに、今日まだとれていないものを補うようにしてるんだ。だから、りんごしか食べてない日の夜は、そりゃもう爆食いだぜ。バクだけにな。

＊1日あたり2000キロカロリーとる人の場合

たんぱく質、カルシウム、ビタミンA、ビタミンB群、鉄、乳酸菌

- 牛乳…コップ1杯
- ヨーグルト…小鉢1杯
- 卵…1～2個

またはチーズ…20g

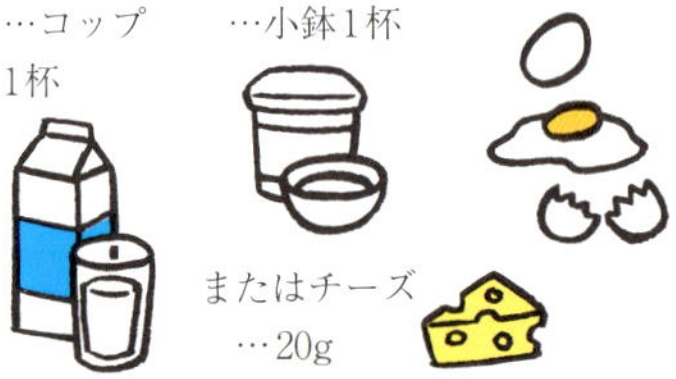

たんぱく質、鉄、ビタミンB群、植物性・動物性脂肪、不飽和脂肪酸

- 豆腐…1/2丁または納豆1パック
- 肉…脂肪の少ないもの80～100g
- 魚…脂肪の少ないもの80～100g

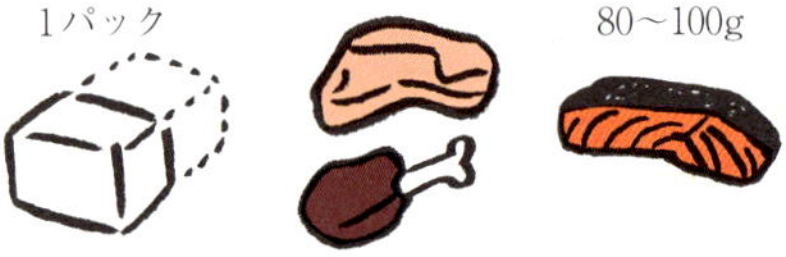

ビタミンA、ビタミンB群、ビタミンC、食物繊維、鉄

- 野菜…緑の濃い野菜をベースに350g以上
- 芋・きのこ・海藻類…100g

エネルギー、たんぱく質、食物繊維

朝
- 8枚切りの食パン…2枚

昼
- パスタ…80g

夜
- ごはん…お茶碗2杯

Q 毎日30品目とか無理なんですけど…

A 30品目もとらなくても大丈夫です

30品目？ いつの時代の話だよ。毎日毎日、すべての栄養素をとらなきゃいけない？ そんなことはないから安心しな。

たとえばケガをしたときって、1日では治らないだろ？ 何日もかけてかさぶたができて、それがはがれて皮膚が再生する。

体は毎日作業しているが、何日かかけてやっとできあがるんだ。だから、今日とった栄養が今日使われるってわけでもない。そう焦るな。

だけど、毎日とるにこしたことはない栄養素はあるぜ。それが、ビタミンB_1、B_2、Cみたいな、水溶性のビタミンだ。

ビタミンB群は、炭水化物や脂質などを分解して代謝しやすくする栄養素なんだ。これらは、余分にとっても老廃物として体の外に出ていってしまう。だから、体に溜めておけないんだ。

俺も昔、たった一日でがっぽり儲けたことがあったけど、翌日にはすっからかんになってしまった。ま、くわしくは聞かないでくれ。

ただ逆に、しばらくの間、体に溜めておける栄養素ってのもある。それがカルシウム、鉄、βカロテン（ビタミンA）、ビタミンE。

こいつらは2～3日に1回だけでも大丈夫だ。だけどカルシウムは気持ちのコントロールにも影響するから、できるだけとりたいよな。

もちろん三大栄養素といわれる「たんぱく質」「脂質」「炭水化物」は、毎日とったほうがいい。ま、残念ながら、りんごだけ食べてもダメみたいだけどな。

Q 野菜って、とらないとどうなるんですか？

A 風邪をひきやすくなったり、肌が荒れたりします

野菜野菜って、世の中うるせえな。俺も昔はそんなふうに思ってた。だから、ある時そんな風潮にあらがって、しばらく野菜を食べないでいたんだ。草食なのにさ。

そしたら、風邪はひくわ、肌はカサつくわ、便秘になるわ、いいことなんにもなかったぜ。

肉や魚ではとれない栄養素として、βカロテンやビタミンC、食物繊維があるんだ。これらが足りないと腸の力が悪くなって、免疫力が落ちるんだそうだ。

しかも野菜を食べないで肉や炭水化物ばかりとってると、ついついカロリーオーバーになってしまう。それに、ストレスを感じる体ってのは、ビタミンCを消耗しやすいんだ。ま、俺はりんごでとってるけどな。

俺もこう見えてストレスフルだからさ。アリクイとは間違えられるし、「夢を食う」っていう中国の獏と間違えられるし。見るのは悪夢ばっかりだ。

いつも食べてるものも
しっかり味わうと
こんなに違うんだね

Party to enjoy the difference of taste

食べ比べ
パーティー

比較というのは
優劣をつけることではない
違いを楽しむ
ということなのだ

比べると
見えてくる
世界があるの
私、どっちが好きなの!?

「買いおき」に救われる夜

22時からのレトルトカレーParty

21時。駅から家までの帰り道。ゆったりただようカレーの匂い。「ああ、この家、今日カレーだったのかな？」なぜだろう。ただの匂いなのに、家族が仲睦まじく食卓を囲むイメージが目に浮かぶ。

具の量で兄弟がケンカしたり、しばらくは怒らずニコニコ見ているお母さんがいたり。

「私もカレーにしようかな？」

思わずつぶやいていた。で

も、今から煮込んでいては、間に合わない。気づくと、コンビニでレトルトのカレーを買っていた。

「あ、休日に買いだめしたレトルトカレーがまだあった」

少しの後悔を感じたけど、まだ鼻に残るしあわせの匂いが、私にアイデアをくれた。

「そうだ。レトルトカレー3種類で食べ比べしよう。トッピングもたくさん用意して」

22時。わが家の食卓にも、しあわせが並んでいた。

レトルトカレーって、最後まで出し切れなくてもどかしいですよね。豆知識ですが、袋を開けたときに、1回カパッと空気を入れるだけで、たら〜っとお皿に注げるんです。次のページを見ればわかりますが、年間何百袋もレトルトを開けまくっているプロに聞きました。えっへん。

ズボラーさんの社会科見学

レトルトカレーの秘密

発売から20年のロングセラー
年間約8000万食売れている
※咖喱屋《カリー》シリーズ合計

教えてくれた人

コーポレート・
コミュニケーション本部
広報・ＩＲ部
中田 和毅《かずたか》さん

広報担当。幼いころ、母親の帰りが遅いのが木曜日で、母がカレーを仕込んでから会社に行っていた。だから、カレーのイメージは「木曜日」。

事業戦略本部
食品事業一部
チームマネージャー
磯《いそ》 豪《たけし》さん

2010年からレトルトカレーの企画開発に携わり、咖喱屋カレーを担当。1年に365回以上カレーを食べる。「カレーの可能性は無限大」がモットー。

事業戦略本部
マーケティング部
大森 紗恵子さん

マーケティング担当。好きなカレーの食べ方は、サラダチキンや木綿豆腐をごはんの代わりにするスタイル。ズボラーさんシリーズ愛好家。

事業戦略本部
食品事業一部
チームマネージャー
内藤 弘司さん

レトルトカレーの販売プランナーとしてカレーの新しい食べ方を提案。カレーにウインナーを笑顔のように並べるスタイルを普及させたい。ゆで卵が好き。

私、ズボラーさん。
「レトルトカレーって手抜きかな?」とかいろいろ気にする人も多いでしょ。
だからみなさんの代わりに、日本一[※]売れてるレトルトカレー「咖喱屋カレー」を販売するハウス食品さんにお邪魔して、いろいろ聞いてきました。

Q レトルトカレーって、保存料とかは使ってないんですか？

A 使ってません！

たまに「保存料無添加」とあえて書いてある商品もありますが、そもそも食品衛生法で「レトルト食品に保存料・殺菌料を使ってはダメですよ」という決まりがあるんです。レトルトカレーは、気密性のある袋に詰め、密封してから120℃以上の熱をかける加圧加熱殺菌を行ったもの。微生物による腐敗や、光による変質はありません。また、酸素による品質の変化も少ないため、長期間保存が可能なんですよ。

※㈱インテージSRI月次データ（レトルトカレー市場、販売金額シェア、2018年4月～2019年3月）

レトルトカレーって、カロリーが高いんじゃない？

A じつは、172kcal！

※咖喱屋カレー中辛の場合

カレーは高カロリーというイメージを持たれがちなんですが、咖喱屋カレー中辛は、172キロカロリーに抑えています。じつは10年以上前にこのシリーズで「ヘルシーブレンド製法」というものを開発したんです。カレーの核になっているルウは、油と小麦粉。これは、おいしさのもとでもあるのですが、カロリーのもとでもあります。ですから油を極力減らして、かつコクやうまみを担保できる味づくりには、かなりこだわっています。くわしいことは、企業秘密なんですけどね。

レトルトカレーの新製品はこんなふうに開発しています

①企画を考える

お客様ニーズから「こんな味のカレーを作りたい！」を考えます。咖喱屋カレーの場合、「大人向けのスパイシーなカレー専門店の味わい」がコンセプトでした。

②試作をする

千葉県にある研究所と相談し、試作をしながら目標の味に近づけていきます。長いものだと1年以上、ああでもないこうでもないを繰り返します。

③お客様調査をする

お客様に実際にカレーを食べていただき、味覚調査をします。時代によって好みも変わるので、数年に1回リニューアルしているんです。

④工場で同じ味を再現する

じつはここがいちばん大変。研究所で手鍋で作っていたものを、工場の大きなスケールで再現したときにも、ちゃんと同じ味にしなければならない。納得できるまでやり直します。

⑤やっと、お店に並びます

パッケージ、広告、物流、小売店……。レトルトカレーは、さまざまな人の手を渡り、ようやくみなさんの食卓にお届けできるのです。

「カレーと私」by 内藤弘司

もう20年以上前、私が当時営業だったころの話です。雪深い山の麓にあるスーパーで、老婦人がレトルトカレーをたくさん買い込んでおられる姿を見かけました。お話を聞くと「子どもも巣立って、夫と二人だから、たくさんカレーを炊くと余ってしまって。雪が降ると道路もダメになるから、これで一冬越すんです」とのこと。今もどこか静かな山奥の家で、レトルトカレーを仲良く食べている老夫婦の姿を想像すると、心が温まります。

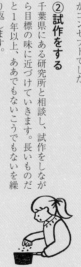

立食で。お行儀悪いほどおいしい

ソーセージ食べ比べParty

20分

しまった！　間違ってソーセージを100袋発注してしまった！　ありますよね。そんな発注ミス。

でも心配いりません。ソーセージは肉より賞味期限が長いから、たくさん買っても大丈夫。朝ごはんやお弁当にも使えるし、冷凍もできます。

マスタードをいくつか用意して、フォークを持って立ち上がり、いつでも踊り出せるようにしておくのがソーセージのマナーです。

え？　知らなかった？　そうでしょう。なぜなら今、作ったからです。

「ウインナー」は直径2cm未満か、羊の腸を使ったもの。そして「フランクフルト」は直径2cm～3.6cmか、豚の腸を使ったものって知ってました？

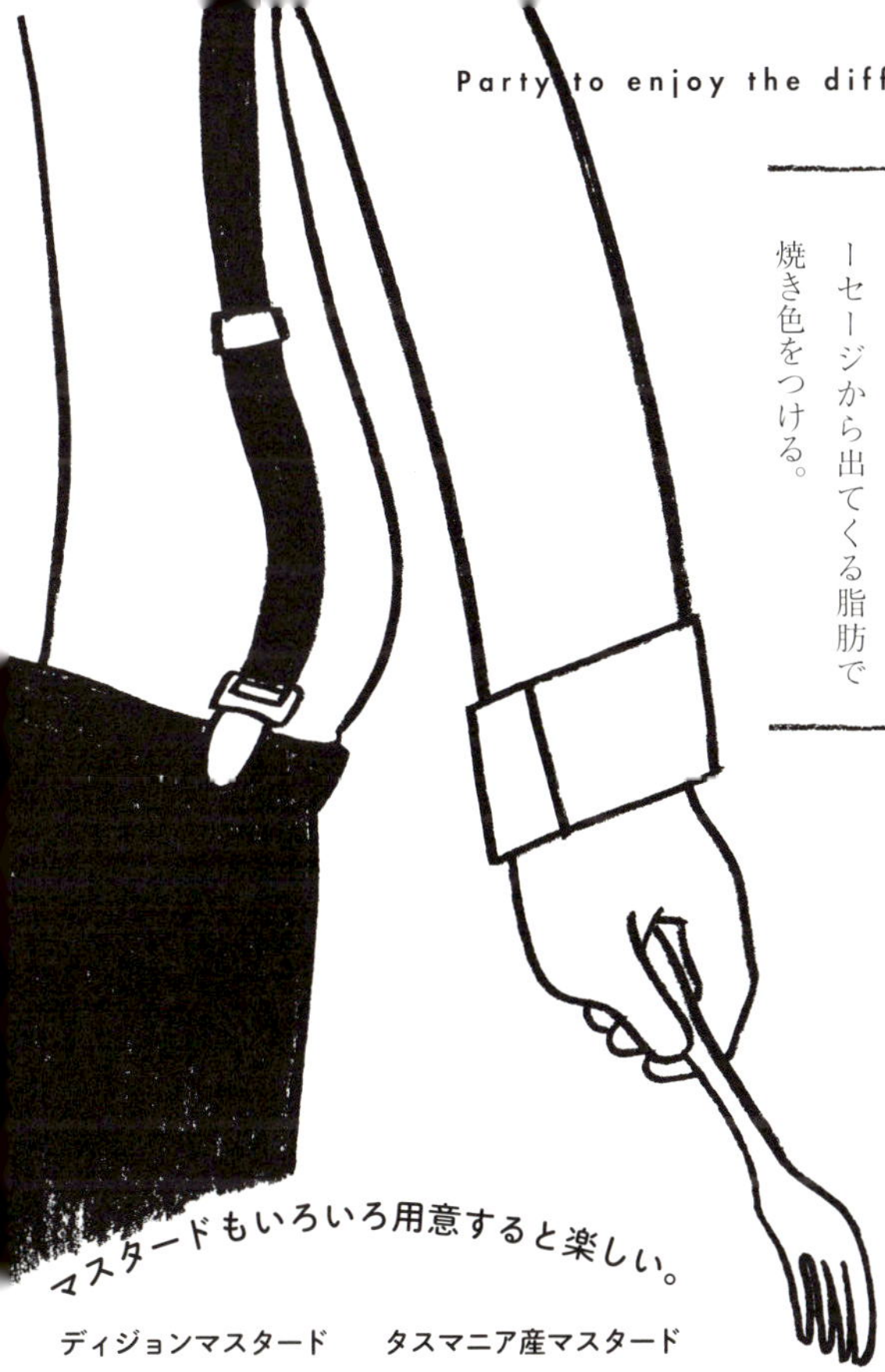

おいしいゆで方

鍋に3～4カップの熱湯を沸かし、冷蔵庫から出したてのソーセージを5～6本入れる。火を止め、ふたをして5分おく。

おいしい焼き方

フライパンにソーセージを並べ、1/3が隠れるくらい水を注ぎ中火にかける。水分が少なくなったら、転がしながら、ソーセージから出てくる脂肪で焼き色をつける。

マスタードもいろいろ用意すると楽しい。

ズボラーさんの平謝り

たくさん買ったソーセージが余ること？　一人暮らしだけど、あんまりありません。だって、しんどい日の夜ごはん、チンしたソーセージと生卵を、パックごはんの上にのっけて食べるから。そんな日が、週3はあるから……。

いつも飲んでるものだから

ビール飲み比べ Party

教えて！麦村教授

私は麦村ホップ。人間のビール割り、つまりハーフじゃ。料理に凝らなくたって、ビールを飲み比べるだけで、充分楽しい。さらに知識があれば、もっと楽しい。それをみなさんにお伝えしたいのじゃ。

ビールって、そもそも何？

ビールとは、麦芽という発芽した大麦を焙煎したもの、ホップ、酵母、水によって発酵させた飲み物じゃ。酵母が糖を分解し、アルコールと炭酸ガスを出すことで、あのビールになる。発酵・熟成の違いで、ラガーとエールの2種類に分けられるんじゃよ。

❶ラガー

すっきりした飲み口で、ごくごく飲めるんじゃ。あまりおかずも選ばない。冷やしておいしいものが多いのう。歴史は新しめじゃ。5～10℃前後の低温で、長期間（7～10日）発酵させて作るんじゃ。

❷エール

濃厚な飲み口で、常温で飲んでもおいしいものが多いんじゃ。おかずといっしょに、というより、ビールそのものの味を楽しみたいのう。歴史は古めじゃ。20℃前後の高温で、短期間（3～4日）発酵させて作るんじゃ。

生ビールとは

「生ビール」とは、加熱処理をしないビールのこと。通常のビールは酵母の働きを止めるため、50～60℃で熱処理するんじゃ。今発売されている大手メーカーのビールの多くが、生ビールじゃ。缶の一部に「生非加熱処理」と書かれておるぞ。

発泡酒とは

麦芽比率が50％未満で、ビールとして指定された副原料を使わず仕込むビールのことじゃ。副原料とは、たとえばハーブやフルーツ、スパイスなどのことじゃぞ。

黒ビールとは

とにかく黒い。なぜなら発酵前の麦芽を、焦がしてから仕込むからじゃ。デュンケル、シュバルツ、ポーター、スタウトの4種類があり、それぞれ味わいも違うんじゃ。

その1

ブランド内で飲み比べ

国内ビールの大手メーカーといえば、キリン、サントリー、アサヒ、サッポロ。それぞれの主力商品を飲み比べて、メーカーの違いを舌で感じてみると、これまでにない発見があるかもしれん。同じメーカー内で、ビールと発泡酒を飲み比べてみるのもアリじゃ。私は発泡酒で充分じゃがな。

その2

地域で飲み比べ

1994年の酒税法改正で、ビールの年間製造最低数量が引き下げられたんじゃ。それまではかなりの量を作っている大手メーカーしかビールを生産・販売できなかったんじゃが、これにより日本各地で小規模のビール製造会社が誕生したんじゃよ。「北海道と沖縄はどう違う？」など、それぞれの地域に旅に出た気分で楽しんでみるといいぞ。

その3

国で飲み比べ

ビールは全世界で楽しまれている飲み物。それぞれの国の気候や嗜好によって、さまざまな味わいがあるんじゃ。ヨーロッパだけでそろえるもよし、南米・アジア・ヨーロッパと地域を分けて比べるもよし、タイなら、チャンとシンハーとレオなど、１つの国に絞ってもよし。世界は平和じゃ。

その他

ほかにもこんな飲み比べ

ビアカクテル飲み比べ

1：1で割ってみるのも楽しいぞ。お酒が弱い人や、長く飲みたいとき、昼から飲む日にもおすすめじゃ。

- シャンディガフ（ジンジャーエール）
- ビターオレンジ（オレンジジュース）
- レッドアイ（トマトジュース）
- コークビア（コーラ）
- パナシェ（サイダー）

ノンアルコール飲み比べ

お酒が苦手でも、飲めない日でも、楽しむ方法はあるぞ。各社から出ているノンアルコールビール。どれがいちばんビールに近い？ どれがいちばん好み？ などを考えてみるのじゃ。

ズボラーさんの平謝り

とりあえず安い発泡酒を箱買いして飲んでるんですが、たまに、
なぜ自分がお酒を飲んでいるのかわからなくなってしまうときがあります。やばいですよね。
だから「味わって飲む」って大事だと思うんです。そう言い聞かせてます。

「しまった、サラダがない」ときの

トマト食べ比べParty

別名赤茄子。学名リコペルシコン・エスクレンタム。アンデス地方出身。ナス目ナス科ナス属トマト種。それが、トマトです。

かつては毒があると言われた過去がありますが、そんな噂を乗り越え、今では世界中で8000種類も栽培される人気の野菜になりました。

はい、というわけでとりあえずトマトを買いましょう。下の写真のように大皿に大小色とりどりのトマトを盛り付ければ、それだけでサラダ！

こう盛り付けるとかわいくなるよ

4つ割り
いわゆるくし形切りに近いですが、立体感が出ます。

縦に切る
ヘタを中心に、縦半分に。楕円タイプが映えます。

丸のまま
底を少し切ると、コロコロ暴れず落ち着きます。

横に切る
種の部分がたくさん見える切り方です。

世界の平和はトマトが作る

トマトって、ビタミンA、ビタミンC、カリウム、鉄、リコピン……。たっぷりの栄養素がバランスよく含まれているんです。もう、ほかの野菜なんていらない！　トマトだけでいい！

サイズ

大玉　中玉　ミニ　極小

形

丸　楕円　とんがり

色

トマト！
トマト！

赤　黄　橙　緑　黒

トマト！
トマト！

あなたもトマト教に入ろう！

余ったらこんな1品にもなるよ！

バゲットを添えて

ビールのあてに

手軽ゆえの驚き

レンジでトマト煮込み

ミニトマト（1パック）は横半分に切る。直径15cmの耐熱ボウルに入れ、**オリーブ油**（小さじ1）、**塩**（小さじ1/4）、**にんにく**（チューブ）・**こしょう**（各少々）を振る。ラップをしないで電子レンジに6分かける。

トマトのソースがけ

大玉トマト（2個）は8㎜の輪切りにし、器にずらして並べる。**ウスターソース**（大さじ2）をかける。

トマトの刺身

中玉トマト（2個）は8等分のくし形切りにする。**塩**（小さじ1/4）、**ごま油**（小さじ2）、**こしょう**（少々）を順にふりかける。

調味料を変えるだけ旅行

世界のお刺身Party

お刺身って、しょうゆとわさびで食べるのがふつうだと思っていませんか？
いいえ。それは、日本だけの常識。
世界に目を向けてみれば、いろんなお刺身の食べ方があるのです。
さあ、もっとも安全な自宅エリアに滞在しながら、世界旅行に出かけましょう！

맛있어요《マシッソヨ》!

ごま油和えユッケ (5分)

濃すぎないから、箸もお酒もすすむ味。お店じゃ味わえない、家ユッケ。口の中に鳴り響くK－POP！

ボウルに**お刺身**を入れ、**A**で和える。**卵黄**を添える。

・お刺身ミックス…100g

A
- ごま油、しょうゆ…各小さじ2
- にんにく、しょうが（チューブ）…各小さじ1/2
- ラー油…5振り

卵黄…1個
万能ねぎ（小口切り）…適宜

セビーチェ (15分)

コクのある酸味の正体は、砂糖。食欲がなくても、うまみがたっぷりでぺろりと行けそう。アルパカに食わせようとしたら怒られた。

お刺身を器に並べる。**トマト**、**紫玉ねぎ**を全体に広げて散らす。**A**を上から順にかけ、5～10分おく。和えながらいただく。

・お刺身ミックス…100g
・紫玉ねぎ…1/6個（薄切り）
・トマト…1/4個（角切り）

A
- 塩…小さじ1/4
- オリーブ油…大さじ1
- レモン汁…小さじ2
- 砂糖、こしょう…各少々

¡Qué rico《ケリコ》!

捨てないで！
大根のつま

魚の水分（ドリップ）が付いて、赤くなっているつま。でもこれは、洗えば落とせます。これに、青じそ、ごま油、ポン酢を加えて和えれば大根サラダに。付け合せにどうぞ。

C'est bon!《セボン》

フランス

タルタル 10分

アルミホイルを5cm幅の帯状にして、円形を作って詰めて。粒マスタードの酸味が心地よく、バゲットがほしくてたまらない……。なるほど、パンの国だ。

お刺身は、5mm角程度に切る。Aと**玉ねぎ**を加えて混ぜる。

- お刺身ミックス…100g
- 玉ねぎ…大さじ2（みじん切り）
- A
  - オリーブ油…大さじ1
  - 粒マスタード…小さじ2
  - 塩…小さじ1/4
  - こしょう…少々

Buono!《ブオーノ》

イタリア

カルパッチョ 7分

キリッとお酢で、魚が新鮮なおいしさに。軽めのビールか、白ワインがほしくなる。隣に伊達男が見える！

器に**お刺身**を並べる。
パセリを散らし、Aを順にかける。
ベビーリーフを添える。

- お刺身ミックス…100g
- パセリ…小さじ2（みじん切り）
- A
  - 塩…小さじ1/4
  - こしょう…少々
  - オリーブ油…小さじ2
  - 酢…小さじ1
- ベビーリーフ…10g

おいしい！

日本

シンプル刺身 1分

やっぱり我が家がいちばんだ。

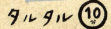

「ごはんのおとも」ランキング1位は？

土鍋で新米 Party

稲の匂いがサラサラただよう、暦の上では初秋の時期。そう、毎年恒例「新米」の季節がやってきました。

これといったおかずがなくても、つやつやごはんがもうメイン。おともをずらりと並べれば、旅館の朝ごはんみたいな食卓のできあがり。

さらに盛り上げたいなら、土鍋と炊飯器で炊き分けて、味を比べてみましょう。香りも食感も、意外と違います。

さらにさらに盛り上げたいなら「いちばん好きなおともはどれ？」「最後の晩餐に食べるなら？」と話しながら、「今年のおともランキング」を決めてみて。そんな何気ない会話が10年後、大事な思い出になっているかもしれません。

今年のランキング

1位　　　2位　　　3位

ごはんの炊き方 60分

材料

- 米…2〜3合
- 冷水…2〜3カップ（1合あたり1カップ）

作り方

①**米**はざるに入れ、たっぷりの冷たい水に一度つけてぬらし、すぐ引き上げる。
②再びボウルに水をはり、ざるごとひたす。両手で優しくこするように20回ほどとぎ、水を捨てる。二度繰り返す。
③水気を切り、ざるのままラップをかけて30分おく。
◎**炊飯器の場合**→**米**を入れ、**冷水**を加えてそのまま炊く。
◎**土鍋の場合**→20〜25cmの土鍋に**米**を入れ、**冷水**を加えてふたをし、強めの中火で沸騰させる。沸騰したらふきこぼれないように1〜2分キープする。弱火にして10〜12分炊き、火を止めてそのまま10分蒸らす。

choice the《ジ》おとも

ごはんに合うものの多くは、塩分と糖分があるもの。脂肪分のあるものも米の甘みを引き立てます。

塩味

塩辛・梅干し・ザーサイ・たくあん・しらす・鮭フレーク・明太子・塩昆布・おかか

甘辛

のり佃煮・豚角煮・肉味噌・なめたけ・焼き鳥缶

その他

納豆・キムチ・とろろ・刺身・バターじょうゆ・卵

ズボラーさんの
手謝り

ごはんのおともって、賞味期限長めのものが多いから、私でも安心して買えちゃいます。

とりあえず、のり佃煮だけでも買ってみて。

バタートーストに塗ってもいいし、カレーに足してもおいしいし。べんりですよ！

炭水化物が続いたら

冷奴食べ比べ Party

⑤分

お昼食べすぎちゃった。今夜は軽く飲むだけにしたい。そんな方におすすめのケーキ、置いてます。どうも、パティスリー冷奴です。

当店は、和洋中さまざまな具材と調味料をとりそろえ、それらを一口サイズの豆腐にトッピングすることで、「盛り上がり」と「おいしさ」の両立を実現いたしました。

火を使わないからすぐできる。お豆腐なので、当然、糖質控えめでヘルシーです。あ、誕生日の方にもぜひ！

トマト・バジル・ブラックオリーブ・塩・オリーブ油

オリーブとバジルで、豆腐がイタリアンの食材に。塩で豆腐が甘くなる。

オクラ・梅干し

梅干しの酸味とオクラの食感で、脳がすっきり。口の中が爽やかになります。

塩昆布・万能ねぎ・ごま油

お客様の熱い要望によりお出しします。食べる前からごま油の香り！

Pâtisserie Hiyayakko

福神漬・マヨネーズ・万能ねぎ

福神漬の甘さを感じる貴重な機会。マヨネーズの脂肪分が美味。カレーの翌日に。

明太子・のり

豆腐がまるでクリームみたい。明太子の粒々との最高のマリアージュ。

ザーサイ・長ねぎ・ごま油・こしょう

あれ、これピータン？　と思わせるコク深さ。いいえ、冷奴です。

粒マスタード・青じそ・しょうゆ

西洋と和の融合。マスタードという背広を着た豆腐が、文明開化を告げにくる。

スモークサーモン・柚子こしょう

柚子こしょうの辛味をサーモンが包み、それを豆の甘みが支える。白ワイン必須。

クリームチーズ・削り節・しょうゆ

食べているうち、口の中で、豆腐までクリームチーズに変わる濃厚感。

買うときの比較ポイント

メーカー、値段など、なるべく幅のあるものを選んで買ってみましょう。「1丁50円の豆腐と、200円の豆腐、あんまり味変わんないね」といった発見があるかも。

食べるときの比較ポイント

口に含んだら、いろんな観点から分析してみましょう。ちょっとめんどくさいと思う方は、最終的には「好き」「嫌い」でいいと思います。

①味
甘みは？　苦い？　塩気は？
酸味は？　コクは？
奥行きは？

②食感
かたい？　やわらかい？
なめらかさは？
噛んだときの歯ざわりは？
舌にどう絡む？

③香り
香ばしい？　クセが強い？
クセが弱い？　複雑？
シンプル？　口に含んだあと、
鼻に抜ける香りはどう？

比べ企画

「今日は何も作りたくない」ってときは、買ってきたもので
食べ比べ大会を開催！　スーパーで視野を広げて、
いつもは買わないものもかごに入れてみましょう。
同じものだからこそ感じる、微妙な違い。勝手にソムリエ気分を味わえます。

納豆

余ったら？

納豆オムレツや、納豆グラタン、そばやうどんにのせても美味。そのまま冷凍もできます。

納豆のもっとも大きな違いは、大豆の粒の大きさ。大粒、中粒、小粒、さらにはひき割りというのもあります。
そして、歴史のある食べ物ですから、地域性も出やすいのが特徴。有名な水戸納豆だけでなく、秋田や山形、京都などのご当地ものも、この機会にぜひ。

買うだけ！ 食べ

かまぼこ

お土産でもらうこともあるかまぼこ。日本でも、東のほうはやわらかいもの、西のほうはしこしこと噛みごたえがあるものが多いようです。原材料の白身魚に何を使っているかも注目ポイント。ちくわなどほかの練り物でも試してみて。

冷凍ギョーザ

最近では、スーパーだけでなく、コンビニでも買えるようになりました。ジューシーさを売りにしたもの。羽根つきを売りにしたもの。皮はもっちり派か、パリパリ派か、どっちが好きなのかはっきりさせるいい機会です。

豆腐

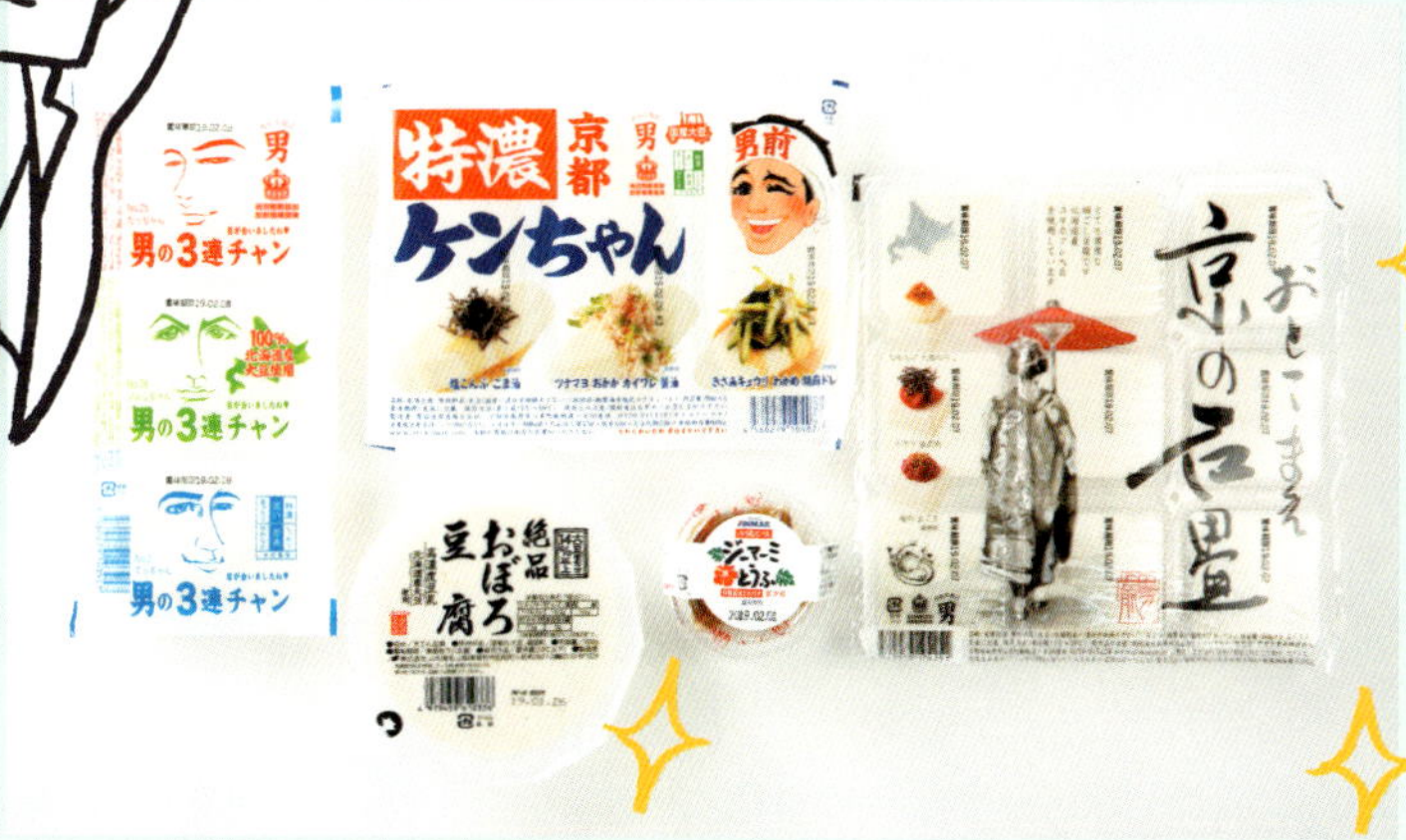

余ったら？

湯豆腐、味噌汁、グラタン、豆腐サラダ…。それからP64の冷奴、P68のマーボー、P50のカレーにもぜひ使ってください。


豆腐は、木綿、絹ごしを中心に、最近はおぼろ豆腐などさまざまなタイプが販売されています。

また、豆腐は90％以上が水でできているので、地域も重要。関東、関西、九州では水が違うと言われています。

ほかにはスーパーのPB商品と、豆腐専門メーカーの比較も。大豆の風味がどれくらい違うのかなど、シンプルなだけに比べ甲斐があります。

ズボラーさんの平謝り

私は肉まん食べ比べをやったことがあります。セブンイレブン、ファミリーマート、ローソンをはしごして、肉まんを買いしめるのです。

……結果「どれもおいしい」という結論にたどり着きました。すみません。

この辛さの正体は何？

クイズ！マーボー

　さあ、始まりました。クイズ・マーボータイム。今日は、みんな大好きマーボーからの出題です。

　タバスコ、山椒、七味、黒こしょう、ラー油。さて、それぞれ、どの辛味を使ったマーボーでしょうか？

　香りや辛さの質。あんとのマリアージュ。けっこう違って、どれもいいなと気づきます。

　このクイズ、当然一人でも楽しめます。お茶碗にごはんを入れてあんをかけたら、5カ所にそれぞれの辛味成分をかけましょう。目をつむってお茶碗を回し、一口いただくと……？

　正解は、CMのあとで。

こしょう

ヒント：さりげない香り。さりげない辛味。繊細な方にはチャンス問題。でも、かなり難しいので、正解したらポイント1000点！

粗びきこしょう

ヒント：これはサービス問題！　粒感と、セクシーかつ爽やかな香りで、きっとすぐわかるはず。

材料（作りやすい量）　10分

- 豚ひき肉…200g
- しょうが、にんにく（チューブ）…各小さじ2

A
- しょうゆ…大さじ2
- 味噌…大さじ1
- 砂糖…小さじ2
- 酢、ごま油…各小さじ1
- ラー油…10振り

B
- 水…2/3カップ
- 片栗粉…小さじ2

作り方

①フライパン（26cm）に油をひかずに**ひき肉**を広げ、強火で2分焼き、1分炒める。

②**しょうが、にんにく**を加えて中火で1〜2分炒める。

③全体になじんだら中央を空ける。**A**を注いでよく混ぜながら、水分がなくなるまで煮立てる。

④**B**を混ぜる。③に加えて混ぜ、濃いとろみがつくまで煮る。ごはんや豆腐にかけていただく。

追いラー油

ヒント：これは難問！ もともとのレシピにも入っているラー油を、さらに増やしました。辛味の感度が試される問題です。

七味唐辛子

ヒント：7つのスパイスだけあって、オリエンタルな風味。辛味というより香りの複雑さが特徴です。

山椒

ヒント：あとから香りが来るからちょっと待って。青くて爽やか。なのに小さくピリピリとしびれる感じ。

ズボラーさんの平謝り

いつもはマーボー丼にするんですが、
ごはんを炊くのがめんどくさい日は、チンした冷凍うどんにかけちゃいます。
あ、ヘルシー派の方は豆腐とかレタスにかけるって聞きますけど、それって、都市伝説ですよね？

ごはんだけ、二十四節気パーティー

季節を感じる混ぜごはん24連発

このページ、文字が多くてすみません。いつの間にか変わっている季節を2週間に1回、しっかり感じてもらいたくていろいろたくさん書きすぎました。季節を感じやすくするために、ちょっと奥ゆかしい味付けになっています。

出会いは、春だった

立春《りっしゅん》

あの鮭わかめごはんに、ねぎの青さが春を告ぐ。

2/4〜18ごろ

①ねぎ鮭わかめごはん

「立」というのは、「始まる」という意味。旧暦ではここから新年が始まります。体の芯が凍えるこの時期を「立春」と名付ける。寒さに耐えながら、春を楽しみに待つ希望をそこに感じます。

雨水《うすい》

ごはんに苦味？あ、これが春か。

2/19〜3/5ごろ

②キャベツとグレフルごはん

だんだん寒さがほどけてきて、雪が雨になる季節ということで雨水といいます。やわらかな春キャベツをせん切りにして塩もみに。薬膳的に、春先には酸味をとるといいそうなので、グレープフルーツで爽やかな酢飯っぽく。

啓蟄《けいちつ》

おすすめの割合は、多め青のり、鳥ちょっと。

3/6〜20ごろ

③青のり焼き鳥ごはん

「啓」は「ひらく」、「蟄」は「土の中で冬ごもりしている虫」という意味。だんだん暖かくなってきて、地中からはい出してくる季節です。そんな虫を食べてくれる鳥を食べる人間を、いつか誰かが食べにくるかもしれません。

春分《しゅんぶん》

ゆかり、恋しちゃった。かまぼこさんのぷにぷに大好き。

3/21〜4/4ごろ

④かまぼこゆかりごはん

桜も咲いて、ようやく本格的に「春だなあ」と感じる季節。春分の前後3日を含めた7日間は春のお彼岸。どことなく懐かしい、しその香りと角切りかまぼこの弾力が、おじいちゃんおばあちゃんのことを思い出させてくれるかも。アクセントに貝割れを。

清明《せいめい》

パンチがきいた白メシ。チャーハンよりラク。

4/5〜19ごろ

⑤ガーリックチキンごはん

清明とは「清浄明潔《しょうじょうめいけつ》」という言葉の略と言われています。これは、春が清らかで明るいので、草木の芽の種類がよくわかるということ。薬膳的に、春は鶏肉を食べると体が丈夫になるそう。サラダチキンをほぐして手軽に。

穀雨《こくう》

最初はサーモン、だんだんクレソン。

4/20〜5/5ごろ

⑥サーモンクレソンごはん

春雨が降り、穀物を潤して育てていく季節です。種まきにもぴったり。薬膳的には、青くて苦い葉っぱをとるのがいい時期だからクレソン。塩こしょうをお好みで。

＼ごはん180gにつき／

①鮭フレーク…大さじ2、乾燥わかめ（戻す）…小さじ1、万能ねぎ…少々　②キャベツ…20g、グレープフルーツ…2房　③焼き鳥缶…1/2缶、青のり…小さじ1、塩…少々　④かまぼこ…20g、ゆかり…小さじ1･1/2　⑤サラダチキン…50g、にんにくチップ…少々、サラダ油…小さじ1/2、塩・こしょう・パセリ…各少々　⑥クレソン…10g、スモークサーモン…2枚、レモン汁…小さじ1

燃え上がる、夏の愛

立《りっ》夏《か》

口の中に新緑が来た！
トマトとしそなのに。

5/6〜20ごろ

⑦しそトマトごはん

爽やかな風。まぶしい新緑。端午の節句のころから始まる立夏は、まさに「初夏」の季節です。だんだんおいしくなってきた甘いトマトの角切りに青じその爽やかさが、やみつきになるごはんです。

芒《ぼう》種《しゅ》

体に種をまきましょう。
何が咲くかは
あなたしだい。

6/6〜21ごろ

⑨柿の種ごはん

「芒」とは、稲や麦などの穂の先端についている、針のような突起のこと。この時期は、芒を持つ植物の種まきに適した季節なのです。ただ、実際はこれより早く行われます。サクサク、ポリポリ、粗く砕いた柿ピーで、体に元気の種をまきましょう。

小暑《しょうしょ》

うなぎ、うなぎ、
ときどききゅうり。
うな、うな、きゅう。

7/7〜22ごろ

⑪うなきゅうごはん

梅雨が明けて少しずつ暑さが増してくる季節です。20日ごろには、土用の丑《うし》の日があるので、栄養豊富なうなぎを食べましょう。きゅうりは熱でほてった体を冷やす作用があります。粗みじんにして塩少々をふると、シャキシャキおいしい。

小満《しょうまん》

ゴーヤの苦味が
魔法をかけて、
ごはんがどんどん甘くなる。

5/21〜6/5ごろ

⑧ツナマヨゴーヤごはん

草木がしだいに生い茂り、天地に命が充満していく季節。気温もじょじょに上がっていく、夏の手前です。5月は初鰹の時期なので、食感が似ているツナを。旬のゴーヤは極薄切りにして塩もみを。コクのあるツナマヨといっしょに食べれば苦うまです。

夏《げ》至《し》

一度食べたら
必ず10人に教えたくなる。
逆に不幸飯。

6/22〜7/6ごろ

⑩紅生姜しらすごはん

北半球では、夜が短くなり、昼がもっとも長くなります。日本では梅雨の真っ只中で蒸し蒸しした気候。そこで旬のしょうがを使った紅生姜ごはんを。冬至と違って、とくに「これを食べる」ものがないのが夏至。これから来る夏本番に向けて、さっぱりと英気を養うごはんです。

大《たい》暑《しょ》

熱帯夜にも耐えられる、
爽快メシ。

7/23〜8/7ごろ

⑫枝豆わさびごはん

いわゆる真夏、一年でいちばん暑い季節です。花火大会や、東北のお祭りなども行われる季節。目にも涼しい緑を持った、胃腸にもよい枝豆がちょうど旬です。ツーンと爽やかなわさびが、だるんとした気分をキリッとさせてくれます。

⑦トマト…30g、青じそ…2枚、酢…小さじ1、塩…少々　⑧ゴーヤ…20g、塩…小さじ1/4、ツナ缶…20g、マヨネーズ…小さじ2　⑨柿ピー…20g、ラー油・塩…各少々　⑩紅生姜…20g、しらす…大さじ1、マヨネーズ…小さじ2　⑪うなぎのかば焼き…30g、かば焼きのたれ…小さじ2、きゅうり…20g、山椒…少々　⑫ゆで枝豆…25粒、わさび…小さじ1/2、塩…少々

なぜなの？　たそがれの秋

立秋《りっしゅう》

田舎のお祭り。
目に浮かぶ屋台。
ああ、焦げしょうゆ。

8/8〜22ごろ

⑬バターしょうゆ コーンごはん

暦の上では秋の始まりですが、まだまだ夏の真っ盛り。そんな暑さを払ってくれる食材が、旬のとうもろこしです。先にしょうゆを絡めてからごはんに混ぜて。お盆や、終戦記念日など、先祖の霊に思いをめぐらせる機会が増える季節でもあります。

白露《はくろ》

気品のある明太子ごはん。
角切り長芋のリズム。

9/8〜22ごろ

⑮明太子長芋ごはん

朝夕の気温が下がり、草花に朝露がつく時期。本格的な秋の到来です。旬の長芋は、季節の変わり目の滋養強壮にも効果あり。唐辛子は、気分をリフレッシュさせるので、憂鬱になりがちな秋にいい食材です。

寒露《かんろ》

甘栗
入れちゃいました。
旬なので。

10/8〜23ごろ

⑰栗と焼き豚の中華ごはん

どんどん寒くなり、草についた露が寒さで凍ってしまいそうな季節。紅葉も始まり、衣替えも行われるころです。角切り焼き豚とほぐしたむき甘栗を合わせると、甘じょっぱいおこわ風で、いくらでも食べられます。

処暑《しょしょ》

塩もみなす、
夏の終わりの
味がする。

8/23〜9/7ごろ

⑭なすしそハムごはん

夏の暑さがようやく収まり始める時期。「処」は「止まる」という意味を含みます。「秋なすは嫁に食わすな」ということわざがありますが、あれは意地悪ではなく「なすは体を冷やすので気をつけて」という言葉だそう。なすは薄切りにし塩もみして。

秋分《しゅうぶん》

結局ごまはうまい。
あの世もこの世も
どっちも楽しい。

9/23〜10/7ごろ

⑯あの世とこの世の ごまごはん

春分と同じで、秋分は、昼の長さと夜の長さがほぼ同じになります。春のお彼岸は自然をたたえる、秋のお彼岸は先祖を敬うのが目的です。彼岸と此岸、あの世とこの世がいちばん近づく日。生と死の境目に思いをめぐらせてみましょう。

霜降《そうこう》

コンビーフかと思ったら、
意外と
ポテトチップコンソメ。

10/24〜11/7ごろ

⑱ポテトチップ コンビーフごはん

初霜が降りるころ、木枯らしが吹き、山粧う季節。風邪をひきやすい時期なので、弱った体に元気をくれるじゃがいもをとりましょう。サクサク食感とコクがやみつきになります。しょうがやわさびなどの薬味もおすすめ。

⑬ホールコーン…大さじ3、しょうゆ…小さじ2、バター…5g、こしょう…少々　⑭なす…30g、青じそ…2枚、ハム…2枚　⑮長芋・明太子…各30g、黒ごま…小さじ1/3　⑯白ごま・黒ごま…各大さじ1/2、小梅…1個　⑰むき甘栗…4個、焼き豚…20g、オイスターソース…小さじ1、ごま油…少々　⑱ポテトチップ（コンソメ味）・コンビーフ…各20g、しょうゆ・こしょう…各少々

そしてまた、冬

立《りっ》冬《とう》

カレーの翌日に。意外と食べたことない味だよ。

11/8～21ごろ

⑲福神漬ごはん

冬の始まり。神無月で、出雲大社に神々が集まってくる時期です。じつは福神漬というのは、江戸時代からある漬物屋さんが考えた商品名。大根やれんこんなど、7つの野菜を使っていて、この甘さと食感がごはんと合わさると、ありがたいお味に。

大《たい》雪《せつ》

天丼食べたいときはこれ。
※食べすぎ注意。

12/7～21ごろ

㉑揚げ玉おろしごはん

空が重い雲に覆われ、生き物がおとなしくし始めるころ。日本ではまだ雪が深くなる時期ではありませんが、地域によってはちらほらと見え始めます。あられをイメージした揚げ玉（天かす）。旬でみずみずしい雪のような大根でさっぱりいただけます。

小《しょう》寒《かん》

一草。だけど食べれば七草。大根葉って、すずしろって言うんだよ。

1/6～19ごろ

㉓七草がゆ風大根めし

寒さがいよいよ厳しくなるころで、この時期になることを「寒の入り」といいます。1月7日には、春の七草（せり・なずな・ごぎょう・はこべら・ほとけのざ・すずな・すずしろ）で作ったおかゆをいただきます。すずしろ）で作ったおかゆをいただきます。塩もみしたせん切り大根がいい食感。

小《しょう》雪《せつ》

私も大人になったなぁ。これがおいしいと思えるなんて。

11/22～12/6ごろ

⑳白菜浅漬け混ぜ寿司

北国や、高い山の上のほうに雪がうっすらと見える季節です。小春日和といって、春のような陽気の穏やかな日がやってくるのもこの時期。旬の白菜のシャキシャキとした食感が、冬への覚悟をととのえてくれます。

冬《とう》至《じ》

日本最ラク冬至メシ。しっかりかぼちゃ。

12/22～1/5ごろ

㉒かぼちゃスープごはん

一年でもっとも昼が短く、夜が長いころ。風邪をひかないようにと願いを込めて、栄養効率のいいかぼちゃを食べ、「冬至」と「湯治（温泉に入って療養すること）」の語呂合わせもかねて、ゆず湯につかります。

大《たい》寒《かん》

無言で食べよう。

1/20～2/3ごろ

㉔恵方巻きごはん

恵方巻きに使う具材をごはんに混ぜました。節分の夜には、その年の縁起のいい方角に向かって、7種類の具材を巻いた恵方巻きをかじる風習があります。食べながらしゃべると「鬼が来る」と言われています。鬼、怖いですね。

⑲福神漬…大さじ2　⑳白菜浅漬け…30g、柚子こしょう・酢…各少々　㉑天かす…大さじ2、めんつゆ・大根おろし…各大さじ1、七味唐辛子…少々　㉒かぼちゃスープの素…大さじ2　㉓大根…30g、大根葉…少々　㉔かにかま・きゅうり・卵焼き・ツナマヨ・桜でんぶ・昆布の佃煮・しば漬け・白ごま・のり…各適量

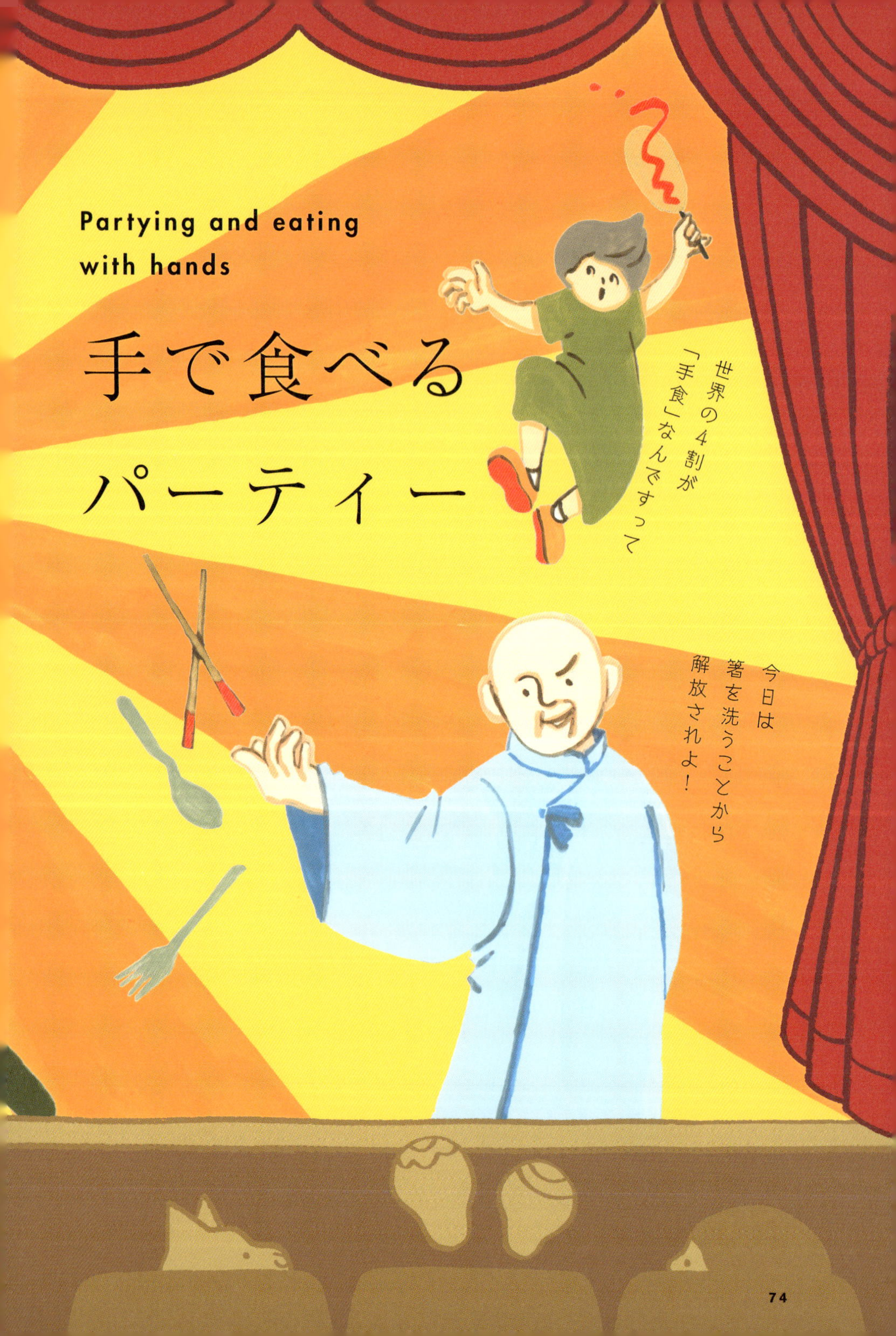

Partying and eating with hands

手で食べるパーティー

世界の4割が「手食」なんですって

今日は箸を洗うことから解放されよ!

「棒で食べる」
お祭り感を
なんと家で味わえる

手をナメるな！

明日のことなどわからない

今を生きるタコス Party

全部作ったら 17分

古代ローマの詩人の言葉に「その日を摘《つ》め」というものがあります。これは「今この瞬間を楽しめ」という意味。

人は、ふと気がつくと過去を悔やんだり、未来を怖がったりしてしまいます。

でも、今この瞬間を楽しみたいと思ったら、タコスです。だって、トルティーヤにいろんなものをのっけている瞬間って、超楽しいじゃないですか。死んだらこんなにおいしいものは食べられないから、今夜はタコス。タコスです。

チリミート

材料

- 牛ひき肉…200g
- にんにく（チューブ）…小さじ1

A　砂糖…小さじ1
　チリパウダー、塩
　…各小さじ1/2
　こしょう…小さじ1/4

フライパンに**ひき肉・にんにく**を広げて2分焼く。出てきた脂をペーパーで拭きとり、**A**を加えて2~3分炒める。

ワカモレソース

材料

- アボカド…1個（150g）
- レモン汁（あればライム果汁）…小さじ2
- 塩…小さじ1/2
- 万能ねぎ…3本（小口切り）

アボカドは縦半分に切り、種を除く。スプーンで実を取って粗くつぶし、**レモン汁**をふり絡める。**万能ねぎ**、**塩**を混ぜる。皮は入れ物にする。

サルサソース

材料

- トマト…1/2個（100g）
- 玉ねぎ…1/5個（30g）
- ケチャップ…大さじ2
- オリーブ油…大さじ1
- レモン汁（あればライム果汁）…小さじ1
- チリパウダー…10振り

トマトは1cm角、**玉ねぎ**は8mm角に切り、材料をすべて混ぜる。

チリパウダーって、使えるよ

チリパウダーとは、いわば洋風の七味唐辛子。タバスコからすっぱさを抜いたようなイメージです。唐辛子の粉に、オレガノやクミンなどが入っていますが、メーカーによってブレンドはいろいろ。P92のスペアリブのように肉の下味や、P60のセビーチェにふりかけても。

- ピザ
- パスタ
- コーンバター
- 豚汁
- しょうが焼き
- チリビーンズ
- ケチャップに混ぜてスパイシーケチャップに
- パエリアの仕上げ

ズボラーさんの平謝り

スーパーでトルティーヤが見つからなかったから、8枚切りの食パンをちょっとつぶしてみました。これでも、おいしいです。いいんですよ巻ければ。あと、お酒のつまみにするなら、ドリトスを買います。もはや巻いてないけど。

スポーツ観戦する日の
フライドポテト Party

今日は待ちに待ったあの試合。ちょっと早く帰って、集中して見たい。そんな夜は、さっさとお風呂に入って、フライドポテトです。

このフライドポテト、揚げる前に塩を絡めるのがコツ。これによって、浸透圧で水分が抜けるので、揚げ時間が短くてすみます。しかも、うまみがギュッと凝縮して、甘くてねっとりしたおいしさに。

ポテトを紙のボウルにドサッと入れて、使い捨てコップにコーラを入れて。これで、あなたの家は、試合会場。さあ、全力で応援だ！

まちがい
さがし
おかしな
ところが
あるよ

Cork

材料（2人分）

20分

- じゃがいも（男爵）…2個（300g）
- 小麦粉…大さじ4〜5
- 塩…小さじ1/2
- サラダ油…適量

作り方

①**じゃがいも**は皮をよく洗い、皮つきのまま1cm角の棒状に切る。水にとらず、**塩**を絡め、10分おく。

②**小麦粉**をふり、ざっくりと全体に絡める。

③フライパン（26cm）に1・5cm深さまで**油**を入れ、180℃に熱する。

④**じゃがいも**を入れ、強めの中火で5〜6分転がしながら揚げる。きつね色に揚がったら取り出す。

スポーツごとに芋変えて…

スポーツの秋。それは、芋の秋でもあります。観戦するスポーツによって、ぜひとも芋もサイドチェンジしてみてください。きっと新しいおいしさのトリプルアクセルに巻き込まれます。上のレシピの芋だけ変えて作ってね。スマッシュ！

フィギュアスケートwithメークイン

皮つきのまま1cm角の拍子木に切ります。カリッとした衣の中に、メークイン特有のみずみずしさ。軽快なステップのように、もう手が止まらない……！

テニスwith長芋

皮つきのまま1cm角の拍子木に切ります。長芋独特のほくほくした感じが優しく響いて、フライドポテトなのにあっさりめ。このラリー、永遠に終わらないで。

サッカーwith里芋

里芋のネックといえば皮。でもこれは、皮つきのままくし形切りにしていいんです。そして皮ごと食べられます。里芋のねっとりした食感に、マヨネーズが合いすぎて、イエローカード！

ズボラーさんの平謝り

「私、揚げ物しないので！」どっかのドラマの登場人物みたいに言ってたけど、これは試してみました。揚げたてのおいしさに涙。さらに泣けるのが、油は100均で買った「固めるやつ」で捨てるだけ。揚げ物ってズボラ向きだったんだ……。

謝肉きりたんぽ Party

ごはんだけど、お酒にも合う

「謝肉祭」という言葉。聞いたことはあると思います。これじつは、肉に感謝する祭ではありません。

中世ヨーロッパでは、年に3回の断食期間がありました。その間は肉や卵が食べられないため、断食に入る前に謝肉祭（カーニバル）が行われていたのです。

つまり、肉に「さよなら」するのが謝肉祭。ですが、このきりたんぽは、肉に感謝して食べてください。鶏、豚、牛。それぞれの肉のおいしさ

ハイボールに合う

豚ねぎ味噌きりたんぽ

- 豚ひき肉…150g
- 味噌…大さじ2
- 砂糖、白すりごま…各小さじ1
- 万能ねぎ…5本（小口切り）

日本酒に合う

鶏しそきりたんぽ

- 鶏ひき肉…150g
- しょうゆ…大さじ1
- しょうが（チューブ）、砂糖…各小さじ1
- 青じそ…4枚（粗みじん）

を引き出すには、合うお酒も違います。今日はとことん飲むぞーという日は、4つのお酒と4つのきりたんぽを用意して、マリアージュを楽しんで。おつまみだけどごはんなので、お腹もいっぱいになります。

作り方

20分

6本分

①**下の具材**を混ぜ、なじんだら**小麦粉**（大さじ1）、常温の**ごはん**（150g、ボリュームアップするなら200g）と合わせる。6等分にし、割った割り箸に巻き付ける。

②平たいフライパン（26cm）かホットプレートに**サラダ油**（大さじ1）を熱し、転がしながら中火で7〜8分かけて焼く。

赤ワインに合う

牛バターきりたんぽ

- 牛ひき肉…150g
- 砂糖、しょうゆ…各小さじ1
- 塩、にんにく（チューブ）、粗びきこしょう…各小さじ1/2

※これだけ、サラダ油ではなくバター（20g）で焼く。

ビールに合う

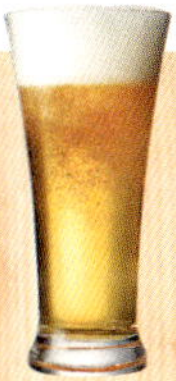

牛豚パセリきりたんぽ

- 合びき肉…150g
- ケチャップ、パセリ（みじん切り）…各大さじ2
- カレー粉…小さじ2
- 塩…小さじ1/2

ズボラーさんの平謝り

私これ、割り箸につけるのがめんどくさくて、フライパンで焼いて食べてみたんですよ。

お好み焼きみたいに。そしたらめっちゃおいしかったんです。

片手で食べるコーナーなのに、何言ってんだって感じですよね。

なんにもなかった日曜日に

世界最小手巻き寿司Party

日曜、夕方6時。「ああ、今日は休みなのにどこにも出かけなかった」そう嘆く人に言いたい。家って、世界最高じゃないですか？

雨風をしのげる。冬は暖かく夏は涼しい。必要なものはなんでもある。人目を気にしなくていい。そんな場所、ハワイにもパリにもありませんよね？　だから家ですごす休日は世界最高の休日なのです。

そんな世界最高の休日を、一日の終わりまで味わう。そのためには、国民的長寿アニメと手巻き寿司です。

一口サイズで時間を気にせずゆっくり食べられるのも家ならでは。ごはんに飽きたら、バゲットにのせる。そんな気まぐれも許されます。

世界最高の場所で、世界最小の手巻き寿司。これすなわち、世界最大の喜びです。

酢飯の材料（作りやすい量）

30分（ざるにあげる時間は除く）

- 米…2合
- 水…1・3/4カップ

A 米酢（または穀物酢）…大さじ6
砂糖…大さじ3
塩…小さじ1

作り方

①米はといでざるにあげ、30分〜1時間おいて米に水分を含ませる。分量の水を加えて、炊飯器で炊き上げる。
②Aは溶けるまでよく混ぜる。
③大きめのボウルまたは飯台に、ごはんを開け、Aを全体にかけそのまま1分おく。
④うちわなどで扇ぎながら、粘りを出さないように、しゃもじで切るようにほぐし、粗熱がとれるまで冷ます。

ネタのバリエは次のページへ！⇦

一口サイズののり
全形を4回折って16等分にします。

超ズボラ☆手巻き寿司

❶ 酢飯にしない

酢飯がめんどくさい。それなら、ごはんのままでOK。ごま油やごま、ゆかりを混ぜるだけでも。

❷ ネタは作らない

コンビニで手に入る、チーズや魚肉ソーセージ、かにかま、コーン缶だって立派なネタです。おかずとして単品で出てきたら「え？」となるものも「わーい！」に変わるのが手巻き寿司のすごいところ。

❸ のりは味付け小袋入り

そもそも全形ののりなんて家にない。それなら、小袋に入った味付けのりでOK。のりに味も付いてるし、小さくて食べやすいです。

ごはんに合うネタ

かに缶ファンタジスタ

N《ネタ》-1《いちばんおいしい》グランプリ

ネタで戦う笑いの祭典、N-1グランプリ。
今年もその決戦の火蓋が切って落とされました。
さあ、チャンピオンに輝くのは誰!?

3 かに缶タルタル

回転寿司で回ってたら絶対とるやつ。きゅうりが意外ときいてます。

- かに缶…大1缶(125g、またはかにかま10本を刻む)
- きゅうり…大さじ2(5mm角)
- マヨネーズ…大さじ3

変幻自在の
好相性コンビ

4 サーモンアボカド

アボカドのコクとフレッシュさ。王道のおいしさで色味もかわいい。……これは、神だ。

- サーモン刺身
…100g(1cm角)
- アボカド
…1/2個(1cm角)
- マヨネーズ…大さじ1
- しょうゆ…小さじ2

孤高の
ダブルエッグ

2 めんたい卵

意外と食べたことない味だけど、この上なくおいしい。2つの卵の掛け合いに圧倒される1品。

- ゆで卵…2個(粗みじん)
- 明太子…1/2腹(40g・ほぐす)
- マヨネーズ…大さじ1

堂々の正面衝突

1 まぐろ納豆

これぞ王道。絶対おいしい。納豆のクセが、まぐろの食感とベストマッチ。お互いを引き立て合う美しさを感じる。

- まぐろ刺身(赤身)
…100g(1cm角)
- ひき割り納豆…30g
- しょうゆ…大さじ1

お酒に合うネタ

居酒屋の星

6 簡単なめろう

しょうがが強めで、大人の味。どんなお刺身もまとまってしまう、渾然一体のおいしさ。

- お刺身盛り合わせ…100g（粗く刻む）
- 長ねぎ…1/5本（粗みじん）
- ∧ 味噌…大さじ1
- しょうが（チューブ）…小さじ1

香りをまとったイカ世代

5 イカ柚子こしょう

あとに残る柚子こしょうの香りが爽やか。塩気でイカが甘くなる。シャリがさらにおいしく感じる。お好みでしょうゆを足して。

- イカ刺身…100g（細く切る）
- 万能ねぎ…3本（小口切り）
- ごま油…小さじ1
- 柚子こしょう…小さじ1/2

ほかにもこんなネタありますよ

- ・ツナマヨ
- ・コーンマヨ
- ・ねぎみそ
- ・ベーコン
- ・ソーセージ
- ・ハム
- ・エビフライ（市販）
- ・から揚げ（市販）
- ・スモークサーモン
- ・ポテトサラダ
- ・クリームチーズ

第4形態

8 ねぎとろキムチ

キムチの鋭さとまぐろのまろやかさがいい感じで調和。お酒がすごい勢いで駆け寄ってくる味。

- まぐろ（ねぎとろ用たたき）…100g
- キムチ…100g（粗く刻む）
- ごま油…小さじ1

昆布という名のうまみの糸

7 白身おぼろ

昆布のうまみが白身魚に絡みつく。鯛の昆布じめ簡単バージョン。焼酎を推奨します。

- 白身魚刺身…100g（細く切る）
- おぼろ昆布…3〜5g
- しょうゆ…小さじ2
- 酢…小さじ1
- わさび…少々

ズボラーさんの平謝り

このネタたち、2種類以上混ぜるとさらにおいしくなります。
私は全種類混ぜるのが好き。何がなんだかわからないおいしさになります。
別々に作る意味、まったくないですね。すみません。

低カロリーなのに、盛り上がる

シーフード串の釜あげ Party

今日は、肉でも魚でもない。食べたいものが見つからず、スーパーで途方にくれている私の肩を、突然、ぽん、と叩かれた。イカだ。

「僕を、お食べよ」

よく見ると、イカの後ろにはエビ、たこ、ホタテ。そして生でも食べられる野菜たち。

「いいのかい？」

聞き返すと、ほほえみながらうなずく彼ら。

イカ「だって、僕たちは脂肪がほとんどないから、とってもカロリーが低いんだ」

たこ「それなのに、アミノ酸のうまみが強いから、心から満足できる」

エビ「しかも、免疫機能を高めるタウリンも入ってるんだ。食感もプリプリしてて、いイカんじだろ？」

ふだん肉や魚の陰に隠れて主役にならない彼ら。しかし今日ばかりは輝いて見えた。

＊カロリーは材料1つあたりのもの

簡単つけだれ

ねぎ塩

材料

- 万能ねぎ…15本(小口切り)
- ごま油…大さじ3
- 塩、粗びきこしょう
  …各小さじ1/2

どっさりねぎが、あっさり魚介にパンチをくれる。

スイートチリ

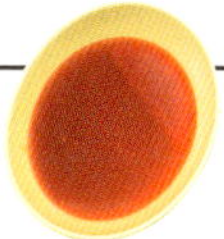

材料

- 酢…大さじ3
- 砂糖…大さじ1
- 豆板醤…小さじ1
- 塩…小さじ1/2

ピリッとした刺激と甘みがエスニック。

オリーブレモン

材料

- EVオリーブオイル…大さじ2
- レモン汁…大さじ1
- 塩…小さじ1/2
- こしょう…少々

かなりさっぱり。魚介のおいしさをシンプルに味わえる。

スープの材料

- 水…5~6カップ
- 白ワイン…1/2カップ
- 塩…小さじ1
- レモン…3~4枚(輪切り)

作り方

①竹串の先1/3に、右ページの魚介と野菜を刺す。スープを鍋に入れて煮立て、串を入れ、1分程度煮て好みの状態になったら、つけだれでいただく。

20分
野菜はどれも、
生で食べて
いいものだから、
サッとゆでるだけで
OKだよ

夏の終わりのベランダで
星空の下でParty

⑮分

少し短くなった昼。さらりとした風。懐かしい金木犀の香り。鈴虫の鳴き声、遠くから。

「あ、夏が、終わる」

夕暮れ時の帰り道。季節の変わり目を感じたら、今夜は外でごはんを食べましょう。

ベランダにダンボール箱、その上にランチマット。

片手でつまめる料理を数品。今年最後の冷たいビール。

好きな音楽をかけて、見上げれば満天の星空。

なぜだろう？　いつものポ

チキンナゲットやフライドポテトは、帰りにファーストフード店で買ってます。
家の中でもさもさ食べるとちょっとむなしいけど、星空の下で食べると「レジャー」になるからふしぎ。
野菜？　肉食動物も野菜食べないんだし、いいんじゃない？

あなたは何座？
12星座別ディップ

材料を混ぜるだけでできる
12星座を勝手にイメージしたディップです。
自分の星座を食べてもよし、
自分以外の星座になりきって食べてもよし。
各星座のキーワードも書いてあります。

チリケチャ

情熱的
自己主張
勢い

おひつじ座
3/21〜4/19

辛味が思った以上に強めだけど、もう一回つけてみたくなるやみつき感アリ。

・ケチャップ…大さじ3
・マヨネーズ…大さじ1
・ラー油…小さじ1/2

はちみつレモンチーズ

おうし座
4/20〜5/20

すんごいおいしい。チーズのコクが余韻で残る。ほんのり甘じょっぱい。

・クリームチーズ…80g
（室温に戻してよく練る）
・はちみつ…小さじ2
・レモン汁…小さじ1
・塩…小さじ1/2

五感
エレガント
マイペース

テトをただ外で食べてるだけなのに、ちょっと泣きそう。
あ……流れ星。

かに座　6/22〜7/22

母性
行動力
月

ナッツのコクがすごい。甘じょっぱさに安心する味。

・アーモンド…20g（刻む）
・レーズン…大さじ1（刻む）
・味噌…大さじ2
・マヨネーズ…大さじ1

味噌ナッツ

チョコしょうゆ

ふたご座　5/21〜6/21

二面性
ユーモア
言葉

すごい意外なおいしさ。フライドポテトにつければ、チョコがけポテトチップスみたい。

・板チョコ…50g（刻む）
・しょうゆ、牛乳…各大さじ1
・粗びきこしょう…小さじ1/2
※全材料を器に入れ、ラップをせずに30秒ほど、チョコが溶けるまでレンジでチンして混ぜる。

しし座　7/23〜8/22

クール
強さ
繊細

タルタルソースの味だけど、クリームチーズが優しさと深みをくれる。強さも同居したおいしさ。

・クリームチーズ…50g
（室温に戻してよく練る）
・紫玉ねぎ…1/4個（みじん切り）
・パセリ…小さじ1（みじん切り）
・塩…小さじ1/4

刻み野菜のタルタル

てんびん座　9/23〜10/23

調和
公平
洗練

あっさりだけど、辛子がピリッと気持ちいい。揚げ物にぴったり。

・木綿豆腐…50g
・アボカド…1/4個（よくつぶす）
・練り辛子…小さじ1/2
・塩…小さじ1/4

豆腐アボカド

おとめ座　8/23〜9/22

感受性
清潔
育てる

おにぎりで戦う2人がまさかのタッグ。梅の酸味で引き締まる。

・ツナ缶…小1缶
（60g・汁気をきる）
・梅干し…2個分
（種を取って刻む）
・マヨネーズ…大さじ2

ツナマヨ梅

ザジキディップ

冒険
負けず嫌い
哲学

いて座　11/23〜12/21

ザジキとはギリシャのソース。一瞬グリーンカレー？　と感じる、スパイシーな味わい。

・プレーンヨーグルト…80g
・きゅうり…30g（すりおろす）
・カレー粉…小さじ1
・塩…小さじ1/2

なめたけとろろ

粘り強さ
誠実
庭

さそり座　10/24〜11/22

和！　優しくて甘い。なめたけって何してもおいしい。

・なめたけ…50g
・長芋…50g（すりおろす）
・マヨネーズ…大さじ1

青のりと粉チーズ

自由
流行
神秘的

みずがめ座　1/20〜2/18

青のりがきいて、ばかうけみたいなやみつきの味。

・マヨネーズ…大さじ3
・粉チーズ…大さじ1
・青のり、白すりごま…各小さじ2

ピリ辛のり

伝統
野心と臆病
優雅

やぎ座　12/22〜1/19

のりが効いた和風味。刺激はないけどしっかりしたおいしさ。

・木綿豆腐…80g
・万能ねぎ…2本（小口切り）
・のり佃煮…大さじ3
・ラー油…小さじ1/4

オリエンタル

変幻自在
エキゾチック
海

うお座　2/19〜3/20

ピリ辛カレーインド風。まさにオリエンタルな味わい。

・木綿豆腐…50g
・オイスターソース…小さじ2
・カレー粉…小さじ1
・にんにく（チューブ）…少々（1cm）

私はそんなにいい子じゃない

獣めざめるスペアリブ

Party

40分

（寝かせる時間は除く）

人のことばかり優先して、自分の欲望を押し殺してしまう。そんな優しすぎる自分がしんどくなったら、とりあえずスペアリブを買いましょう。

その日の夜ごはんを食べたあと、洗い物をした勢いで、スペアリブを仕込んでしまうのです。

もちろん、すぐに焼いてもいいのですが、一日をおくことで、味がなじんで肉が熟成され、骨からほろっと身が外れるくらいやわらかくなります。

翌日の夜、かぶりついたらきっと、今までと違った自分がめざめます。

モヤモヤは、一晩寝かせるだけでニヤニヤに変わるのです。

いつも優しい古川さん。癒し系と言われています。しかし…
キカクショ
ガーン
やりなおし、だいたい君は…ブツブツ
帰宅後、今日あった嫌なことを思い出してむしゃくしゃしていると…
ゴシ
ゴシ
…
狼に変身！
スペアリブの腱に切れ目を入れ
スペアリブ 500g
ビリッ
スッ
保存袋にスペアリブ500gと調味料を入れて
☆王道バーベキュー味
・塩…大さじ1/2
・ケチャップ…大さじ4
・中濃ソース…大さじ2
・砂糖…大さじ1
・にんにく（チューブ）…小さじ2
・カレー粉…小さじ1
揉む！そして冷蔵庫にしまう
ウォーーーン
翌日…
はぁ〜っ 今日は大丈夫だろうね…
ムカッ
おつかれさまでーす！
？
？
ただいまっ
まずオーブンを200℃に温めて
ピッ
200℃
←
じゃがいも（2個）は皮つきのまま1個を8等分にする。ズッキーニ（1本）は、長さを4等分に切る
←
野菜をスペアリブの袋に入れて調味料を絡め…
オーブンシートを敷いた天板に広げて並べる
洗いものしちゃおう〜
オーブン下段で30分焼く
チーン
ガブ
ヒャーーッ
古川さんの平和はこうして保たれた…
ゲフー
こんな味もあるよ☆
ピリ辛レモンペッパー味
砂糖、チリパウダー…各大さじ1
塩…大さじ1/2
にんにく（チューブ）…小さじ2
レモンの輪切り…1個分

S'il vous plaît.

メインディッシュは「会話」です

何も作らないParty

3分

「今日のごはん、すごい豪華だね？　いつ作ったの？」

「じつは何も作ってませーん。買ってきただけなんだ」

「へー！　逆にすごい」

「じつは、フランスの普段の夜ごはんって、パンとハムとワインくらい簡単なんだって」

「そうなんだー」

「でも、何も作らない代わりに、２時間ほどかけてゆっくり会話を楽しむ。それがフレンチスタイルらしいよ」

「メルシー。ボンソワール」

「どうした急に⁉」

「せっかくだから、今からフランス語縛りでしゃべろうよ」

「無理」

最近チーズの本読んだんだけどさ〜
近所にできたパン屋さんで買ってみたんだけど〜

並べただけチーズ

チーズ盛り合わせを買ってきて、並べるだけでごちそうに。P32で余ったチーズを活用しても。

切っただけパン

会社帰りに寄った駅前のパン屋さん。近所にできた新しいパン屋さん。シンプルなバゲットで、味試ししてみましょう。

今日、となりの席のH田さんがね…
今日の昼ごはん何たべたの？
今度の休みあのお店行ってみない？

材料（2人分）

- 今日聞いた、おもしろい話…500g
- 今日見かけた、おもしろい人…1人
- 今日発見したこと…1個
- 明日の楽しみな予定…1件
- 最近悩んでること…2つ
- 最近行った、おいしいお店…2軒
- 最近うれしかったこと…2kg
- おすすめの本・映画・音楽…3つ
- 相手の趣味に関すること…1問
- 今度行ってみたい場所…1カ所
- 次の休日の計画…1つ
- 昔の思い出…適量
- 愛の言葉…お好みで

買っただけワイン

いつもビール派のあなたも、たまにはワインに。お手頃チューハイも、ワイングラスに注ぐだけでシャンパン気分です。

洗っただけ野菜

レタスやミニトマトなど、洗っただけで食べられる野菜を食卓へ。ちょっとおしゃれなチコリやトレビスもおすすめです。

盛っただけハム

ロースハム。プロシュート。サラミ。チーズといっしょにバゲットにのせれば、パリの苦学生の夜食みたい。

ズボラーさんの平謝り

私は一人暮らしなので、こういうシンプルなメニューの日は、自分との対話を楽しんでいます。

ノートに最近悩んでることを書き出して……と思ったら、何も書くことがない……。

はい、べつになんにも悩んでいない自分と出会えました。

Party with surprising food

インパクトパーティー

食卓の景色を
変えるんだ！

大きい料理って
テンション上がる
1品しか作ってないのに
こんな豪華に見えるなんて…

巨人の宴に こんばんは

ある日、森の中を歩いていたら

巨人の宴にまぎれこんじゃった！

どうしよう……。あ、お腹が鳴った。

あれ、ちょっと待って。巨人の宴ってことは、食べ物も巨大。

つまり、お腹いっぱい食べられるってことじゃない？

ラッキー！　ラッキーじゃん！

どれも野菜がたっぷりで、味がしっかりしてそうで、

1品で最強のおかずになる……。巨人、こんなの食べてんだ。

よし、大盛りごはんを持って、こっそり参加だ！

左ページのキッシュ型の作り方

1

①30cm角のアルミ箔を5枚重ね、縁を、ひだを寄せながら折り込む。

2

②直径24cmの円形を作る。
※この本の縦の長さは21cmなのでご参考に。

3

③90cm長さのアルミ箔を4cm幅にたたみ、外周に沿わせて円を補強する。

型は捨てられるよ
巨大キッシュ

生クリームが濃厚で、卵たっぷりのキッシュ。ツナがいい仕事をしてくれて、野菜がたくさん食べられます。右ページの型を使えば、食後の洗い物も減らせます。

材料（2～3人分）

50分

- じゃがいも…2個
- にんじん…1/3本
- ズッキーニ…1/3本
- ツナ缶…小1缶（60g）

A
- 生クリーム…1カップ
- 溶き卵…3個分
- 塩…小さじ1
- こしょう…少々

- ミックスチーズ…80g

作り方

①**じゃがいも**は皮をむき、**にんじん**、**ズッキーニ**とともに3㎜の輪切りにする。水にはとらない。

②**A**と**チーズ**の半量を混ぜる。

③①を順に型に敷き、汁気を切った**ツナ**をのせ、②を注ぐ。残りの**チーズ**を散らし、230℃のオーブン下段で25～30分焼く。

揚げるのは1個でいい

巨大かき揚げ

ふつうは小さいものを5〜6個作りますが、これは、フライパンいっぱいにタネを入れて、どーんと揚げるだけ。レモンと塩を添えて、端からちぎっていただきます。

材料（2〜3人分）

20分

- 小松菜…3枚（50g）
- 玉ねぎ…1個（150g）
- にんじん…$\frac{1}{5}$本（40g）
- 豚こま切れ肉…100g
- 小麦粉…1カップ（100g）
- 冷水…$\frac{1}{2}$カップ
- 揚げ油…適量

作り方

①**小松菜**は5cm幅、**玉ねぎ**は半分に切って5mm厚さに、**にんじん**は5mm幅の細切りにする。

②ボウルに**豚肉**をちぎり入れ①を加え、**小麦粉**を絡める。

③**冷水**を加えて、粉っぽさがなくなるまで底から混ぜる。

④フライパン（26cm）に2cm深さまで**揚げ油**を入れ、180℃に熱する。レードルなどで重ねるように平らに落としていく。

⑤強火にし、初めは触らずにおたまで油をかけながらそのまま10〜12分揚げる。

かき揚げのステージや!
余ったら巨大天丼にもできる

ねぎ3本、まるっと使い切る

巨大肉巻き

ねぎを1本まるかじり！ 的な肉巻き。キッチンばさみでなるべく小さくカットしながら取り分けて、七味や辛子でめしあがれ。

材料（2～3人分）　30分

- 長ねぎ…3本
- 豚薄切り肉（もも）…300g
- 小麦粉、サラダ油…各大さじ1

A
- みりん…大さじ4
- しょうゆ…大さじ3

作り方

①**長ねぎ**は長さを半分にする。

②**豚肉**を広げ長ねぎを斜めに置き、重ねながら端まで巻きつける。**小麦粉**をざっとまぶし、握る。

③フライパン（26cm）に中火で**油**を30秒熱し、②を入れ、転がしながら7～8分かけて焼く。

④**A**を入れて、転がしながら水分を飛ばして4分照りをつける。

肉巻きの畑や！
余ったらお弁当にも入れられる！

この40分で、お風呂に入る

入浴ローストポーク Party

みなさん、湯船、つかってますか？　忙しくて、ついついシャワーですませてしまう。そんな日が続いているなら、今日は、ゆっくりお風呂につかりましょう。

　お風呂に入ると、温熱作用で血流が良くなり、体のこわばりが取れていきます。また、水圧を受けるため、血液の循環を促進する効果も。

　また、浮力によって体重は9分の1になり、筋肉や関節の緊張が緩和。脳の負担が減ってリラックスできるのです。

え？　料理の話してないって？　大丈夫。あなたが入浴している間に、オーブンがなんとかしてくれます。

帰宅後の、ポーク＆山川スケジュール 70分

〈材料〉 •豚肩ロース肉…1本（350〜400g） •塩…大さじ1/2 •こしょう…少々 •にんじん…1本（200g） •玉ねぎ…1個（150g） •にんにく…3かけ（30g） •オリーブ油…大さじ2

case 2 ポークの状況 		case 1 山川さんの状況 
山川さんが帰宅する音。「おかえり」と小さな声で言ってみた。	20:30	帰宅。猫をなでる。が、すぐ逃げた。よし作るか。
どうやらここで焼かれるらしい。覚悟。	20:31	**☆オーブンを160℃に予熱する。**
俺、冷蔵庫から取り出される。冷たいまま焼くつもりらしい。	20:33	お風呂を沸かす。排水口の掃除をそろそろしなくてはと思うけれど、見て見ぬふりをする。
すぐに俺、穴を開けられている。激しい憎悪を感じる。大丈夫。俺は大丈夫だ。 	20:35	**☆豚肉につまようじで40カ所ほど穴を開ける。**ムカつく後輩のことを思い出し、激しくやりすぎる。豚、ごめん。
いい感じで塩が染み込んでくる。ああ……。	20:40	**☆塩・こしょうをすりこんで、そのまま10分おく。**すりすり。
にんじんも玉ねぎも包丁を入れられる回数、少ないな。けっ。いい気なもんだ。	20:43	**☆にんじんは縦4つ割りに、玉ねぎは皮つきのまま半分に切る。**皮をむかないってラク。
上からオリーブ油をかけられ、至福の気分。もっと浴びていたい。 	20:48	**☆天板に、豚肉、野菜、にんにくをゴロゴロと並べる。上からオリーブ油をとろ〜りかける。** 
いざ、オーブンへ！	20:50	**☆タイマーを40分にセットし、下段（段がなければそのまま）に天板を入れ、スタート。**
160℃のオーブンでじわじわと熱くなる体。ふつうは220℃くらいで火を入れるらしいが、あえての低温調理らしい。こうすることで、俺の内部の脂身がもっともおいしい60〜80℃で、熱していけるんだそうだ。 	20:51	筋トレタイム。腹筋、腕立て、スクワット10回。猫に邪魔されたので、7割程度で終了。ぜんぶ猫のせい。 
	20:55	いざ、入浴。入浴剤は、ひのきの香り。扉の向こうに猫のシルエット。癒やされる。
山川さんも、お風呂で温まっただろうか。毎日いろいろあるみたいだから心配だ。 	21:20	お風呂を出る。猫、待っていてくれると思ったが、いなかった。
オーブンは鳴ったが、そのまま15分じっと待つ。この間にも、余熱で俺にはどんどん火が入っている。	21:30	☆オーブンが鳴った。**40分たったようだ。そのまま15分待つ。**ビールをあけて、ストレッチ。また猫に邪魔されて中断。
さあ、ついに山川さんがオーブンを開けた。見てくれ、俺のこのピンク色の美しい体を！ さあ、早く、早く食べるんだ。 	21:45	☆ついに完成！**オーブンから出す。ボードの上で切る。**肉汁！ これはやばい……。脂が甘くて、やわらかくってジューシーで。赤ワイン開けちゃおう。残ったら明日のお弁当に、ローストポークサンドでも作ろうかな。 

むかしむかし、あるところに

鶏のシンデレラ

むかしむかし、あるところに、低価格な鶏肉がありました。しかし「安っぽい」「庶民的」という理由で、意地悪をされていたのです。

そんなある日、魔法使いがあらわれました。そして、鶏肉に黒酢をたっぷりかけ、15分ほど煮込みました。

すると鶏肉は、みるみるうちに美しく変身。あたりに芳醇な香りをまき散らし、春巻きの皮にうやうやしく巻かれ、高級料理として扱われたのです。夢のような時間をすごした鶏肉は、そのあと冷蔵で1週間、おいしくおいしくすごしましたとさ。

黒酢、買ってみない？

「黒酢なんて、買っても使い切れないよ」と思った方。わかります。でも、このメニューなら1回150mℓも使うので、3回作ればほとんど使い切れるんです。だからどうか、一度買ってみてください。どんな料理も高級な味に変わってびっくりします。

材料（3〜4人分）

20分

- 手羽先…5本（350g）
- 手羽元…5本（300g）
- 鶏もも肉…1枚（250g）
- 鶏レバー…200g

A
黒酢…3/4カップ
砂糖…大さじ5
しょうゆ…大さじ3

赤唐辛子…3本（種を除く）

作り方

①**レバー**はサッと洗い、キッチンばさみで半分に切る。

②**もも肉**も、キッチンばさみで半分に切る。

③鍋（20㎝）に、**もも肉**、**手羽先**、**手羽元**、**A**を入れてよく混ぜ、強めの中火にかける。

④煮立ったら、上下を返しながらゆるいとろみがつくまで10分煮る。

⑤**レバー**を加え、上下をそっと返し、さらに5分煮る。

黒酢って何？

黒酢とは、玄米や大麦などを1〜3年かけ熟成させた酢のこと。高い栄養価があり、血糖値上昇を抑制したり、血流を良くする健康効果も。

どう使えばいい？

- すべての酢の代わりに
- ごま油と混ぜてドレッシングに
- 冷奴に、しょうゆ＋黒酢でピータン風に
- 中華スープの仕上げに使うと、台湾料理風に
- P29、43にも載ってます

ズボラーさんの平謝り

黒酢、もちろん持ってませんでした。でも、オイスターソースと黒酢を混ぜただけのたれ（P29）がめちゃくちゃおいしいと小田先生に聞いてから、もうどハマり。オイスターソース味の炒めものの仕上げにサッと入れてもおいしいそうです。

You don't have to KOMETOGI!!

米とぎ不要で一日分のビタミンがとれる

刑事パエリア

夕食づくりをめんどくさくしている犯人がわかりました。犯人は……、「米とぎ」です。

毎日同じ動作を繰り返す。炊くのに時間がかかる。でも、ご安心を。私、刑事パエリアが逮捕しました。

パエリアは、米をとがずに油で炒めて炊き上げる料理。魚介のうまみがごはんにしみて、お焦げまでおいしい。

それから、うちのかみさんが言ってたんだけど、このパエリア、一日分のビタミンもとれるらしいですよ。

材料（2〜3人分） 45分

- 鶏もも肉…1枚
- シーフードミックス…200g
- パプリカ…1個（乱切り）
- ブロッコリー…1/2株（小房に分けて、茎は1cm角の棒状）
- 玉ねぎ…1/4個（みじん切り）
- にんにく…2かけ（みじん切り）
- 米…2合

A 水…2・1/2カップ
塩…大さじ1/2

作り方

①**鶏肉**は4cm角に切り**塩**（小さじ1/2）、**こしょう**（少々）をふる。

②フライパン（26cm）に**オリーブ油**（大さじ1）を中火で熱する。**鶏肉**を広げ3〜4分焼き、**シーフードミックス**を凍ったまま加えて2分炒めて、汁ごと取り出す。

③**オリーブ油**（大さじ2）を中火で熱し、**玉ねぎ**、**にんにく**を2分炒める。**米**を加え3分炒める。

④**A**を注ぎ入れてよく混ぜ、中火で3分煮立てる。②の汁ごと、残りの野菜をのせ、ふたをする。

⑤もう一度煮立ったら弱火にして25分炊く。ふたを外し、1分強火にして焦げ目を作る。

刑事パエリア、再出動！

あ、もう一つだけよろしいですか？
なんでも、2日目のパエリアが、
ちょっとかたい、という情報を入手しましてね。
どうすればおいしくなるのか
かみさんに聞いてきたんですよ。

①リゾットにする

ごはんにしっかり味がついているので、牛乳を加えて少し煮ればおいしいリゾットになるんですね。チーズを足せば素晴らしい味になるみたいですよ。

②ドリアにする

ごはんに牛乳、マヨネーズ、チーズをかけて、トースターで焼くという手もありますね。牛乳でごはんがふやけて、表面はチーズが香ばしくて、新たなおいしさに出会えます。

③コロッケにする

コロッケといってもね、揚げなくていいんですよ。おにぎりにして、溶き卵とパン粉をまぶしたら、フライパンで表面に焦げ目がつくまで焼くんです。スペインには「パエリアコロッケ」という料理もあるんですよ。

④肉巻きおにぎりにする

俵形のおにぎりにして薄切り肉やベーコンで巻いて、それをフライパンで焼くんです。すると、中の空気が温まってふっくらしておいしいですよ。

正体はパエリア！

ズボラーさんの平謝り

米をとぐのがめんどうなのに、米は食べたいんです。
無洗米を買えばいいじゃないと言われるけれど、
田舎から毎年米が送られてくるから、そうもいかなくて……。

洗い物のない食後を目指して

ホイル蒸しの宇宙Party

洗い物と書いて、絶望と読む。なぜなら洗い物を見た瞬間、食後のしあわせな気分は消えてしまうから。でも大丈夫。未来はアルミホイルの力で希望に変えられます。

え？　なんでこのページが宇宙っぽいか？　だってホイルの銀って、宇宙っぽいじゃないですか。

そんな宇宙的ホイル蒸しなら、フライパンもお皿も汚れません。しかも肉も魚も笑っちゃうほどふっくらやわらか。たんぱく質は直火より、蒸気でゆっくり火を通したほうがやわらかになるんです。料理も宇宙も科学が大事。

あと、開けてみるまでわからないのも、謎に包まれた宇宙っぽくて楽しいんですよ。

つまり未来には、絶望よりも希望が似合うのです。

今こそ「不安」を乗り越えるとき

ホイル焼きは「中身が見えないので火が通ってるか不安」という声があがる料理。でも、①～③のとおりにやれば必ず火が通るので、安心してください。肉や魚は重ならないように並べると、危険な宇宙でも安心。

①具材の量は、←これくらい

ホイルは50cm×25cm角の小宇宙にカットし、油を塗ります。上半分に野菜、肉か魚、調味料の順番でのせましょう。うまみが野菜に行き渡ります。

②これが、盛り上がる包み方

手前をかぶせて折り込み、左右をキュッと合わせます。これが「カルツォーネ包み」。四辺を折る形もありますが、このほうが中の宇宙体積が大きくなり、開けるときも盛り上がります。

③フライパンで強火で10分

フライパン（26cm）にホイルをのせ、水を1・1/2カップ入れます。ふたをして強火にし、10分蒸し焼きにします（ものによっては12分）。途中で水が足りなくなったら足しましょう。そうしないとフライパンが宇宙の力でいたみます。

材料はすべて2人分。

けっこう大きいよ

焼き時間 10分

サーモン＆玉ねぎ

- サーモン…2切れ（200g）
- 玉ねぎ…1個（5㎜厚さ）
- 味噌…大さじ2
- 砂糖…小さじ2
- バター…20g

ささみ＆きのこ

- ささみ…4本（200g）
- しめじ…100g（小房に分ける）
- いんげん…4本
- マヨネーズ、粉チーズ…各大さじ4
- こしょう…少々

焼き時間 12分

万能ねぎやパセリを仕上げにふると宇宙的にきれいだよ

塩鱈＆トマト

- 塩鱈…2切れ（200g）
- トマト…1個（1cm厚さ）
- にんにく（チューブ）、オリーブ油…各小さじ2
- こしょう…少々
- 塩…小さじ1/4

焼き時間 10分

すべて10分

魚を食べたい日

エビセロリ

- むきエビ…200g
- セロリ…小2本（斜め1.5cm幅）
- 塩、ラー油…各小さじ1/2

セロリにエビの香りが移る。あっさりなのにシャキプリやみつき味。

まるごとイカ

- 筒イカ（やりイカなど）…1杯（200g）
  →胴から足を抜き、墨袋・吸盤・目・口を除く。胴に1cm幅の切り目を入れておく。
- しいたけ…6枚（5mm幅の薄切り）
- バター…20g
- しょうゆ…大さじ2

イカ戦慄のやわらかさ。バターしょうゆがこんなに合うものある？

ぶり柚子こしょう

- ぶり（切り身）…2切れ（200g）
- 長ねぎ…1本（斜め3cm幅）
- 柚子こしょう…小さじ1
- ごま油、しょうゆ…各小さじ2

ぶりが度を超えてふっくら。柚子こしょうのインパクトで、魚嫌いな人も「うまっ」と思わずこぼれるはず。

刺身バター

- お刺身ミックス…200g
- 大根のつま…100g
- しょうゆ…小さじ2
- わさび…小さじ1
- バター…20g

パックのお刺身のせるだけ。つまが……つまがとんでもなくおいしい。シャキッとホクッと食感が。刺身は少しずらして並べて。

肉を食べたい日

豚・鶏は12分
その他　10分

豚もやガーリック

- 豚薄切り肉（バラ）…200g（5cm幅）
- もやし…200g
- にんにく（チューブ）…小さじ2
- しょうゆ…小さじ4
- こしょう…多め

にんにく強めでごはんがすすむ。今日はごはんとこれだけで、充分です。

チンジャオロースー風

- 牛薄切り肉…200g（5cm幅）
- ピーマン…4個（手で割ってちぎる）
- オイスターソース…大さじ2
- 粗びきこしょう…小さじ1/4

牛肉のやわらかさにほっぺが落ちそう。でも、じつは主役はピーマン。ホクッとした歯ざわりがたまらない。

チーズダッカルビ風

- 鶏もも肉…1枚（2cm角に）
- 長ねぎ…1本（斜め薄切り）
- キムチ…80g
- 味噌…大さじ1
- ミックスチーズ…60g

これだけは、鶏肉の上に野菜をおいて。キムチとチーズがガツンとうまい。

肉なすケチャップ

- 合びき肉…200g
- なす…2本（5mmの輪切りにし塩小さじ1/2をふる）
- クリームチーズ…60g
- ケチャップ…大さじ4
- 中濃ソース…大さじ2

ちょっと甘めのミートグラタンの具。クリチのコク！

5日間、料理しないための作りおき

平日は毎日ブッフェ Party

どうも。私は106ページに出てきた刑事パエリアだ。

事件解決のお祝いに、かみさんがブッフェパーティーを開いてくれた。どうやら私は、5日間これを食べるらしい。かみさんも「洗い物がワンプレートですむわ」とご機嫌だ。

ただ、どんなときも犯人を探してしまうのが私という人間だ。どれだ。どれが私の食欲を刺激する犯人だ？　ふむ。全部うまい。なに？　明日から味も変えられる？　えーい、全員逮捕だ！

魚介のオイル煮

鶏もも肉の塩蒸し

ゆで豚のねぎ漬け

←レシピは次のページへ!

こうして毎日変化をつけよう

肉や魚介などのたんぱく質は、サッとフライパンで焼いたり、チーズをのせて軽くチンしたり、トマトと合わせて軽く煮ると違った味わいになります。

野菜もシンプルな味付けなので「ブロッコリーとトマト」のように2種類を組み合わせて和えてみて。ほかにも、ごまをふったりしょうゆをかけたり、毎日ちょい足ししながら楽しんでみてください。

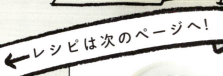

「平日は毎日ブッフェ」のレシピ

たんぱく質

すべて15分

保存するときは、すべて粗熱がとれてから、汁・オイルごと保存容器に入れましょう。そうすることで、素材がかたくならず、味もしっかりなじんでおいしくなります。2人で5日間食べられる分量です。

日持ち
冷蔵で1週間

ゆで豚のねぎ漬け

あまりのやわらかさに「ほほっ」と思わず笑いがこぼれてしまいます。ごま油とねぎのタッグは最強間違いなし。

材料

- 豚薄切り肉（肩ロース）…500g
- 長ねぎ…1本（100g）

A　ごま油…大さじ3
　　水…大さじ2
　　酢…大さじ1
　　塩…大さじ1/2

作り方

①**長ねぎ**は縦半分に切り、斜め薄切りにする。**A**と合わせてよく混ぜる。
②1リットルの湯を沸かし、**豚肉**を広げ入れて火を止め、ふたをして5分おく。
③手早く水気を切って①と合わせ、粗熱をとる。

鶏もも肉の塩蒸し

80℃くらいで火を通すレシピなので、あとでフライパンで焼いてもふっくら。高い焼き鳥屋さんで出てくるもも焼きみたいになります。

材料

- 鶏もも肉…3枚（約750g）

A　サラダ油…大さじ1
　　塩…大さじ1/2
　　砂糖…小さじ1

- 酒（または白ワイン）…1/4カップ
- 水…1カップ

作り方

①**鶏肉**は、余分な脂肪を除く。皮目を下にしてフライパンに並べ、**A**を加えて1分もむ。
②**酒**、**水**を注ぎ、ふたをして中火にかける。煮立ったら弱火にして5分蒸し、火を止める。
③上下を返し、再びふたをして粗熱をとる。

魚介のオイル煮

箸を入れた瞬間「やわらかっ！」と驚き。ツナのように野菜やパスタと和えてもおいしい。

材料

- 切り身魚（サーモン・かじきなど）…4切れ（400g）
- 塩、砂糖…各小さじ1
- 玉ねぎ…1/2個（80g）
- 赤唐辛子…1本
- オリーブ油、サラダ油…各1/2カップ

作り方

①**魚**は1切れを2等分に切り、**塩**、**砂糖**を絡める。
②**玉ねぎ**は薄切りにする。**赤唐辛子**は種を取り半分にちぎる。
③フライパン（26㎝）に**玉ねぎ**を敷き、その上に**魚**を並べて**赤唐辛子**を散らし、**油**を注ぐ。
④中火にかけ、魚のまわりから泡がフツフツしてきたら、弱火にし、8〜9分火を通す。途中、上下を返す。火を止めて粗熱をとる。

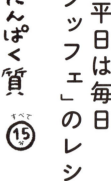

野菜

キャベツの塩煮

蒸したキャベツのとろっと感。かなり優しい味付けなので、中華にも、洋風にも、和風にも展開できます。

15分

材料

- キャベツ…1/4個（300g）

A 水…2/3カップ
塩…小さじ1/2

作り方

①**キャベツ**は3等分のくし形切りにする。
②フライパンに①を並べてAを入れ、ふたをして煮立ったら中火で10分蒸し煮にする。

ズッキーニの粒マスタード漬け

ズッキーニは生で食べられます。粒マスタードの凛とした酸味は、口に入れるとシャキッ。見た目もきれいなので、肉の下に敷いても。

5分

材料

- ズッキーニ…1本（150g）

A 塩…小さじ1/3
酢、粒マスタード、サラダ油…各大さじ1

作り方

①**ズッキーニ**は薄い輪切りにし、保存容器に並べて広げる。
②混ぜたAを全体にふり絡め、味をなじませる。

ミニトマトのマリネ

トマトをそのまま食べるより甘くて熟した感じがする味。料理って、そういうことなんだって思えます。

5分

材料

- ミニトマト…1パック（200g）

A 塩…小さじ1/4
砂糖…小さじ1/2
酢、サラダ油…各小さじ1

作り方

①**ミニトマト**はヘタを取り、そのままか横半分に切る。
②保存容器に移し、Aを順にふり絡める。

パプリカのオイル煮

パプリカの中にある「甘み」が全力で引き出されたおいしさ。とろとろでとろけます。

20分

材料

- 赤、黄パプリカ…各1個
- オリーブ油…大さじ4
- サラダ油…大さじ2
- 塩…小さじ1/2

作り方

①**パプリカ**は4等分に切り、種を取る。
②フライパン（26cm）に皮を下にして①を並べ、塩を絡め、**油**を注ぐ。
③中火にかけ、パプリカのまわりから泡が出てきたら、返しながら弱火で10〜12分煮る。

あっさりレンチンなす

あっさりとした中にも、なすのいい意味での苦味がおいしい。肉類と合わせる価値あり。

15分

材料

- なす…4本（320g）

A 水…大さじ2
サラダ油、しょうゆ…各小さじ2
塩…小さじ1/4

作り方

①**なす**はヘタを取り、縦4つ割りにし、水をくぐらせ耐熱皿（25cm）に並べる。
②ふんわりラップをし、電子レンジで8〜9分加熱する。熱いうちに汁気を切り、Aを絡めて味をなじませる。

ブロッコリーの塩漬け

ブロッコリーは、生でも食べられるんです。コリコリとフレッシュなおいしさ。超簡単です。

10分

材料

- ブロッコリー…大1株（250g）
- 水…大さじ1
- 塩…小さじ1

作り方

①**ブロッコリー**は、蕾とかたい部分の皮をむいた茎を2cm角に切る。保存袋に材料をすべて入れて混ぜ、空気を抜いて1日以上おく。

ギュッと片手で握るだけ

1秒餃子 Party

え……？　やばい、ゾンビだ！　ゾンビが来た！　ギョーザ？　餃子がほしいのか？

困った。丁寧にひだを作る時間なんてない。よし！　僕はやわらかいワンタンの皮に肉だねをのせ、ギュッと握りしめた。やった、1秒でできた！　そして襲いかかるゾンビに投げつ……。

「は！　なんだ夢か……」

いつものベッドの上だった。その夜、夢で作った餃子を焼いてみた。一つひとつ口当たりが違って、うまかった。

材料（30個分）

15分

・ワンタンの皮…1袋（30枚）

A
- 豚ひき肉…100g
- しょうゆ…大さじ1
- 砂糖、ごま油…各小さじ1
- 一味唐辛子…小さじ1/4

B
- ニラ…1/2把（50g）
- 長ねぎ…1/3本（30g）
- しょうが、にんにく（チューブ）…各小さじ1
- 塩…小さじ1/4

・サラダ油…大さじ1

作り方

①**ニラ**は2㎜幅に、**長ねぎ**は粗みじんに切る。

②ボウルに**A**を入れて1分スプーンでよく練り混ぜる。**B**を加えて2分さらに混ぜる。

③**ワンタンの皮**に②を小さじ1程度ずつのせ、皮のまわりを水でぬらし、ざっくり握る。

④15個ずつ焼く。フライパン（26cm）に**油**（大さじ1/2）を中火で熱し重ならないよう並べる。

⑤**水**（1/3カップ）を注ぎ入れ、ふたをし、水分がなくなるまで4分蒸し焼きにする。ふたをとり、そのまま1〜2分焼き、返してパリッとしたら完成。

1 てのひらにのせて

2 ギュッ！

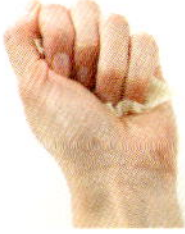

3 はいできたー

握るたびに、強くなる

細かい手作業が苦手なゾンビでも作れるちょっと適当な餃子。これなら、不器用という弱みが強さに変わります。

くよくよしてしまう自分を…

ボディービルダー握り

ギュッ！

両手にのせた皮を、上腕二頭筋を見せつけるように両手でギュッ。何も怖くない気分になれる。

すぐにあきらめてしまう自分を…

バレリーナ握り

片足でつま先立ちして、高らかに皮をかかげる。10秒そのままキープして、餃子を見上げながら、ギュッ。忍耐力が身につく。

ギュッ！

なんでもつまらなく感じてしまう自分を…

ピッチャー握り

ふりかぶって……。あっ、投げちゃダメ！

ズボラーさんの平謝り

私、ボウルが汚れるのがいやなんで、ボウルにポリ袋かぶせて、混ぜてます。
握るのすらめんどうだから、皮に肉だねをのせたら、平べったいままホットプレートで焼いて食べてます。
これはこれで、皮がパリパリになっておいしいんです。はい。もう餃子じゃないですね。

新しい一汁一菜の形

無限豚汁Party

豚汁って完璧ですよね。でも唯一の弱点があるとすれば「ずっと同じ味」。そこで、この無限豚汁です。いろんな具材をお椀に入れればスープの味が変わります。「次はコレ。次はコレとコレ……」と無限にアイデアが湧く楽しさ。

ちなみに長く煮てもおいしいように、豚バラ肉は一度熱湯にさらして、余計な脂を抜きます。すると、肉くささが抜けてすっきりとしたスープになり、肉もやわらかいまま。

そしてめんどうな根菜では

なく、長ねぎとしいたけで作りやすくしました。まさに、無限《インフィニティ》・ポーク・スープ！

材料（基本のかけ汁）

15分

- 長ねぎ…1/2本
- しいたけ…3枚
- 豚薄切り肉（バラ）…200g
- 水…6カップ
- 味噌…大さじ3
- 塩…小さじ1

作り方

①鍋（20cm）に湯を沸かす。**豚肉**を6cm長さに切って入れ、火を止めて1分おいて湯を捨てる。

②**長ねぎ**は縦半分に切って斜め5mm幅の薄切り、**しいたけ**は5mm幅の薄切りにする。

③鍋に**水**、**味噌**、**塩**を入れて中火にかけ、煮立ったら①②を入れ、弱火で5分煮る。具材をお椀に入れ、汁をかけていただく。

元気がほしい。そんなとき

応援の真っ赤なParty

35分
（全部作った場合）

赤い色って、見ているだけで闘志が湧いてきませんか？
そんな色の力を利用して、食卓をワンカラーで演出。
家族でも、チームでも、自分でも、
何かを応援したいとき、
ヘルシーな食材を使って、
見た目でわかる「元気」を贈りましょう。

サーモンとりんごのカルパッチョ

意外な相性にびっくり。りんごの甘味は思うほど強くないから、おいしい玉ねぎみたいなバディ感で最高。

りんご（1/2個）はくし形切りにし、皮つきのまま5㎜の薄切りにする。**スモークサーモン**（8枚）とともに円周状に盛り、**オリーブ油**（小さじ1）、**塩**（小さじ1/4）、**こしょう**（少々）を振る。**レモン**のいちょう切り（2枚）を添える。

パプリカの生ハム巻き

生ハムのねっとりに、パプリカのサクサクが華やか。生ハムの塩気がお酒を誘う。

パプリカ（1/2個）は細切りにし、**生ハム**（6枚）で巻く。**粒マスタード**を添える。

白いパーティーも おすすめ

結婚記念日や、誕生日、入学祝いなど、
新しいことが始まる、リセットしたい日は、
白いパーティー。ふだんは敷かない
白いテーブルクロスに、
真っ白のお皿、真っ白の料理を
並べてみましょう。
光を集める白いものは、
いろんな濁りを吹き飛ばしてくれます。

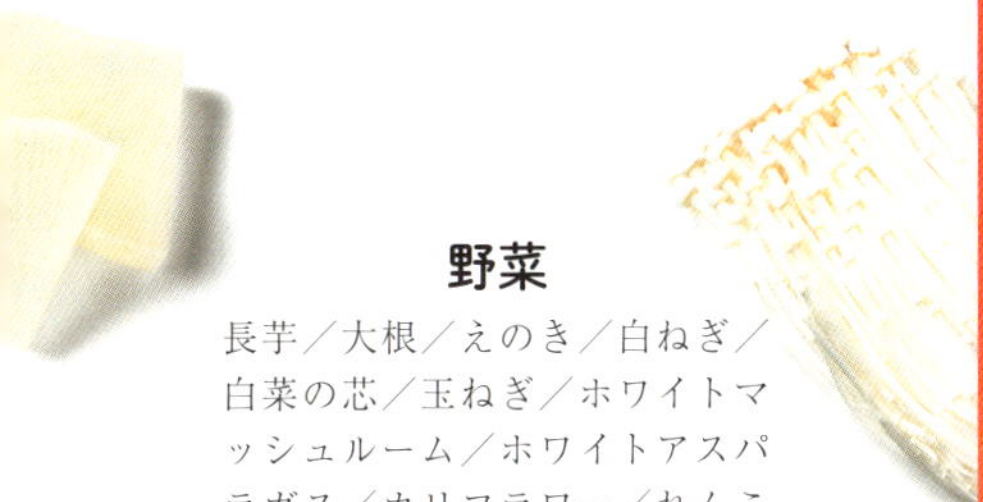

野菜

長芋／大根／えのき／白ねぎ／白菜の芯／玉ねぎ／ホワイトマッシュルーム／ホワイトアスパラガス／カリフラワー／れんこん／白きくらげ／白ごま／もやし／しらたき

主食

うどん／ごはん／そうめん／白パン／餅／肉まん／餃子・ワンタンの皮

たんぱく質

鱈、鯛などの白身魚／ホタテ／イカ／鶏ひき肉／豆腐／豆乳／生クリーム／牛乳／チーズ／卵の白身／白子

デザート

ヨーグルト／ホワイトチョコ／皮をむいたりんご・梨／バニラアイス

にんじんの紅生姜マヨ

シンプルなのに、丼一杯食べられる衝撃のおいしさ。にんじんは細く切れば切るほど合う。絶対作って！

にんじん（1/2本）はせん切りにし、**紅生姜**（20g）、**マヨネーズ**（大さじ1）と和える。

エビとトマトのラー油和え

エビの塩気が思った以上に重要。ラー油のピリ辛で、気づけば箸がすすんでいた。

サラダ用ボイルエビ（8〜10尾）は尾を外す。**トマト**（1/2個）は2cm角に切る。**塩、ラー油**（各小さじ1/4）で和える。

凛として、一日を終えたい

食後のお茶会

食事のあとに抹茶を飲めば、その苦味と奥行きに背筋がスッと伸びて、体の芯がホッとするんです。

ちゃんとした茶道の作法は、ここにはのせきれないので、大日本茶道学会の作法をもとにおいしいお茶を飲む最低限のポイントだけ押さえました。

まずは甘〜いお菓子を食べて、それからスタート！

用意するもの

抹茶

お茶を粉末にしたもの。缶入りで、スーパーのお茶売り場にも600〜1000円くらいでおいています。余ったら、牛乳に混ぜたり、アイスに混ぜたりと、意外と活用の幅あり。

茶碗

特別なものがなくても、カフェオレボウルや、iittalaのボウル（15cm）で充分。もし今度旅行に行ったら、うつわ屋さんでチェックしてみてください。

茶筅《ちゃせん》

お茶を点てるための道具。お湯の中で抹茶が固まらないよう、これで均一に混ぜます。通販で1000円前後で買えます。使ったら一日くらい乾かしてからしまいましょう。

作り方

一

茶碗を温める

ポットなどでお湯を沸かし、茶碗に注ぎます。熱々のおいしいお茶を飲むために欠かせません。

二

茶筅を軽く清める

茶筅の穂先を茶碗にひたし、サラサラと軽く清めます。本来の茶道では「茶筅通し」という動作がありますが、ここでは省略。でも、気になった方は、ぜひネットで調べてみて。

茶山チャコット

スイス出身。日本の文化に魅せられて、移住して15年経つ。趣味は盆栽。

三

湯を捨て、茶碗を拭く

お湯を捨てて、ぬらしたペーパータオルで茶碗を清めましょう。本来は「茶巾」という専用の布を使います。

四

抹茶を入れる

抹茶の缶を開け、ティースプーンに半分くらいの抹茶を茶碗に入れます。本来は「茶杓」と呼ばれる道具を使います。

五

熱湯を注ぐ

熱々のお湯を茶碗に注ぎます。なるべくゆっくり、抹茶がひたるように1/3カップほど入れましょう。

六

お茶を点てる

すぐに茶筅で抹茶をほぐすようにしてから、斜め方向に手早くシャカシャカ往復させ泡立てます。冷めるとおいしくないので、あまり長く茶筅をふりすぎないように。

こうやっていただく

①流派によっていろいろありますが、まず、お茶碗を両手で持ってやや高く上げ「感謝」の一礼。

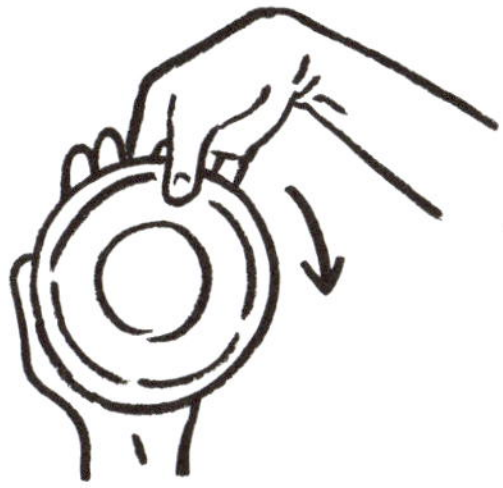

②左手に茶碗をのせ、時計で言う12時の茶碗の縁に右手親指を当て上下に持ち、3時まで回す。正面を避けていただきます。

③最後の一口は「スッ」と音を立てて吸い切ります。そのあと、人差し指と親指で飲み口をぬぐい、6時から3時に戻します。

最後の〆はやっぱりケーキ

フライパンチーズケーキ

わざわざケーキを
買いに行くほどじゃないけど、
ちょっとうれしいことがあった。
そんな夜はケーキを作って、
メッセージを書いちゃおう。
スティック状に切って保存すれば、
今週のおやつにもなります。

60分
（粗熱をとる時間は除く）

材料（26㎝のフライパン1個分）

クッキー生地

- クッキー（プレーンタイプ）…16〜18枚（100g）
- 牛乳…大さじ3〜4
- サラダ油…大さじ2

チーズ生地

- クリームチーズ…250g（室温に戻す）
- 砂糖…80g
- プレーンヨーグルト…1/4カップ
- 溶き卵…1個分
- レモン汁…大さじ1
- 小麦粉…大さじ2
- チョコペン…1本

1

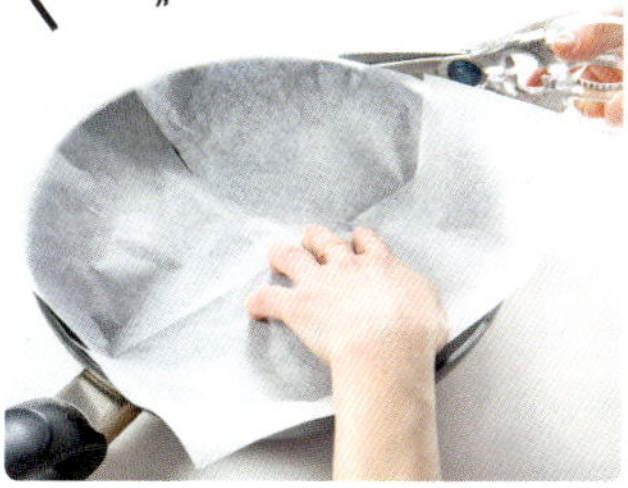
4つ折りにしてからだと
敷きやすい

①フライパン（26㎝）を覆う大きさのオーブンシートを用意し、フライパンの縁に沿って四隅を切り落とす。

2

袋は二重にしてね

②生地を作る。**クッキー**はポリ袋に入れて、手で細かく砕き、**牛乳**と**油**を加えてよくなじませる。

3

③②をフライパンの底にてのひらで押して、平らに敷き詰める。ラップを使うと手が汚れない。

4

④**クリームチーズ**は泡立て器でクリーム状に練り混ぜる。**砂糖**を加えてジャリジャリがなくなるまですり混ぜる。

5

⑤**ヨーグルト**、**卵**、**レモン汁**を順に少しずつ加えて混ぜる。**小麦粉**をふるいながら加え、なめらかになるまで混ぜる。

6

⑥③に⑤を流し入れてトントンとフライパンを叩きつけ、生地の中の空気を抜く。表面を平らにする。

7

⑦湯煎で溶かした**チョコペン**で模様を書く。

8

⑧ふたをし、中火で2～3分、弱火で表面が乾くまで25～30分焼く。ふたをとって粗熱をとり、冷蔵庫で冷やす。

ズボラーさんの平謝り

なんだかんだ、丸いケーキってテンション上がりますよね。

でも、ホールケーキを買ってきても、1人だと余らせちゃう、ってときにもいいケーキです。

チーズケーキって当日食べきらなくても安心だし。……誰かに作ってほしい。

こんばんは。

最後の最後にしゃべりかけてすみません。
『とにかく盛り上がる夜ごはん』です。
そう、この本、本人です。

まさか、本からしゃべりかけられるとは
思ってなかった？
そうですよね。
僕だって、しゃべりかけるつもりはなかったんです。

でも、今夜せっかく出会えたあなたに
少しでもお礼を言いたくて、
ついついしゃべりかけてしまいました。
僕を家においてくれて、ありがとうございます。

あなたの今日は、どんな一日でしたか？
ちょっとうれしいことがあった。
少し悲しいことがあった。
とくに何もなかった。

どんな一日だったとしても、
夜ごはんをパーティーにすると、気持ちよく最後を締めくくれます。

うれしいことはもっとうれしく。
悲しいことは笑い話に。
何もない日だって、新しい料理を試せば「発見」のある日になるんです。

出すぎたことを言ってすみません。
でもそれが、僕がみなさんにできる唯一のことだから。

あなたの大切な人生、その一日のクライマックスが
しあわせな気持ちで幕をおろしますように。
おやすみなさい。いい夢を。

とにかく盛り上がる夜ごはん

料理
小田真規子

絵
仲島綾乃

文
谷綾子

小田真規子（おだ まきこ）

料理研究家、栄養士。スタジオナッツを主宰し、レシピ開発やフードスタイリングの他、中学校技術・家庭教科書の料理監修などさまざまな食のニーズに携わる。「誰もが作りやすく、健康に配慮した、簡単でおいしい料理」をテーマに著書は100冊に上り、料理の基本とつくりおきおかずの本は、ベストセラーに。雑誌「オレンジページ」「ESSE」や、NHKテレビ「あさイチ」では定期的にコーナーを担当、わかりやすいレシピにファンも多い。著書に『料理のきほん練習帳（1・2）』（高橋書店）、『つくりおきおかずで朝つめるだけ！ 弁当（1〜5）』（扶桑社）、本書の第1弾『一日がしあわせになる朝ごはん』（文響社）は2016年料理レシピ本大賞in Japan準大賞を受賞。

仲島綾乃（なかじま あやの）

デザイン事務所勤務を経て、2016年よりフリーランス。『一日がしあわせになる朝ごはん』をはじめ、書籍や雑誌のイラストレーション、デザインを中心に活動中。

谷綾子（たに あやこ）

編集者。『料理のきほん練習帳』『一日がしあわせになる朝ごはん』『私が最近弱っているのは毎日「なんとなく」食べているからかもしれない』『たとえる技術』『失敗図鑑』などを手がける。創刊した『こころのふしぎ なぜ？ どうして？』を含む楽しく学べるシリーズは、累計200万部を突破。

2019年5月28日　第1刷発行
2024年10月11日　第4刷発行

デザイン　中村妙（文京図案室）
撮影　志津野裕計　石橋瑠美
　　　三浦庸古（クラッカースタジオ）
スタイリング　阿部美恵
調理スタッフ　清野絢子　小林優子（スタジオナッツ）
ハイパークリエイティブディレクター　大野正人
校正　株式会社ぷれす

取材協力（敬称略）
ハウス食品株式会社　内藤弘司　磯豪　中田和毅　大森紗恵子

発行者　山本周嗣
発行所　株式会社文響社
〒105-0001　東京都港区虎ノ門2-2-5 共同通信会館9F
ホームページ　https://bunkyosha.com
お問い合わせ　info@bunkyosha.com

印刷　中央精版印刷株式会社
製本　大口製本印刷株式会社

ISBN 978-4-86651-127-6
Printed in Japan

この本に関するご意見・ご感想をお寄せいただく場合は、郵送またはメール（info@bunkyosha.com）にてお送りください。